KB034823

삶의 목적을 찾는 45가지 방법

새롭게 살고 싶은 그대에게

삶의 목적을 찾는 45가지 방법

글 챗GPT · 번역 AI 파파고 · 일러스트 셔터스톡 AI

| 기획자 출간 히스토리 |

해당 도서는 출판인, 기획자인 저 개인과 대중의 궁금증에 직접 뛰어들어 보려는 의도에서 기획됐습니다.

'AI가 쓴 원고와 실제 저자가 쓴 원고를 어떻게 판별할 수 있을까?'

'정보를 규합해 자연스러운 언어로 사람을 설득할 수 있을까?'

'외서 출간에 필수였던 번역의 과정은 AI로 완전히 넘어온 걸까?'

'교정과 교열은 전문가가 필요 없을 만큼 업그레이드됐을까?'

'한 권의 책으로 출간될 만큼의 전문성이 있는 저자보다 더 뛰어난 글을 쓸 수 있을까?'

'책은 전체의 흐름을 유지해야 하는 매우 어려운 작업인데 과연 가능할까?'

'표지 디자인도 상품화할 만큼 정말 스스로 만들어 낼 수 있을까?'

...와 같은 질문에 예의주시하고 먼저 찾게 되는 직업적인 본능이었습니다.

이번 출간 작업으로 처음 가진 궁금증에 여러 해답과 발전 방향성을 얻을 수 있었습니다. 개인적으로는 사업 분야 발전 방향도 추측해 보는 탐험의 시간이었습니다.

여러분께서도 각자 가진 궁금증에 대한 해답을 이 책 『삶의 목적을 찾는 45가지 방법』에서 찾게 되시기를 바랍니다.

| 이 책을 읽기에 앞서 참고할 사항 |

1. 책의 제목과 각 목차의 텍스트는 AI가 생성한 것이 아닙니다. 챗GPT AI와 기획자의 협업을 들여다보고자 개발 후 시기를 놓쳤거나 출간되지 않은, 보유 중인 기획 건 중에서 선택했습니다.

2. 목차는 영문으로 질문했으며 질문 내용은 본문에 수록돼 있습니다.

3. 한글 원고와 영문을 비교해서 보실 수 있도록 본문에 영문 원고 모두를 수록했습니다.

4. 한 개의 꼭지로 글자 수 5천 자 내외를 요청했으나 AI는 3천 자 이하로 원고를 생성했습니다. 더 많은 텍스트 생성 접근권은 제한돼 사용법을 찾지 못했습니다.

5. 모든 영어는 네이버 파파고를 통해 번역했으며 토익 900점 남짓의 작업

자가 간단한 검수만을 진행했습니다.

6. 표지는 대중에게 오픈된 곳을 다양하게 이용했으며 수차례 반복해 더 나은 디자인을 요구했습니다. 현재 표지 디자인은 셔터스톡 AI에게 책의 제목과 목차, 원문에 해당하는 주제와 표현 기법을 제시해 얻었으며 그중 기획자의 선택으로 최종 표지가 선택됐습니다. 무료만으로 완성도 높은 디자인을 얻지 못했으며 제한이 있어 유료로 전환해 이용 완료 했으나 역시 사용 제한이 있었습니다.

   하지만 AI는 같은 주제로 표현 기법을 변경하고 몇 개의 단어를 추가 설명하는 과정에서 스스로 더 진화하는 모습을 분명히 보여줬습니다. 현재의 표지는 제시한 이 책의 제목을 AI 스스로 이해한 결과물입니다.

7. 기획자는 원고 전체를 검수했으며 독자를 배려한 극히 제한적인 교정만을 진행했습니다.

8. 구어체와 문어체가 혼재된 번역된 부분을 문어체로 통일했습니다.

9. 말 따옴표와 따옴표, 쉼표가 접속사 뒤 혹은 문장 이해력이 낮은 차원에서 매우 많은 경우 표기되었기에 제거했으며 미관상 반드시 없어도 되는 부분들 역시 삭제했습니다.

10. 인쇄를 제외하고 총 30시간, 2명의 작업자가 투입돼 완성됐습니다. 인쇄와 공정 과정을 거쳐 독자에게 첫 판매가 이뤄지기까지 7일이 걸렸습니다.

| 프 롤 로 그 |

인생은 뚜렷한 목적지가 보이지 않는 우여곡절이 많은 여행이다. 종종, 우리는 삶에서 목적과 의미를 찾고 길을 잃은 우리 자신을 발견한다. 좋은 소식은 인생의 목적을 발견할 수 있는 많은 길이 있다는 것이고 시작하기에 결코 늦지 않다는 것이다. 이 책에서 우리는 결코 변하지 않는 영원한 진리부터 관계와 감정의 중요성에 이르기까지 모든 것을 다루면서 삶의 목적을 찾는 45가지 방법을 탐구할 것이다. 그 탐구의 여행을 시작하자.

1장 '인연'에서는 다른 사람과의 관계는 삶에서 목적과 성취의 주요 원천이 될 수 있음을 다룬다. 이 챕터에서는 가족, 친구, 그리고 로맨틱한 파트너와의 관계를 키우는 것의 중요성에 대해 알아볼 예정이다. 또한 다른 사람과 의미 있는 연결을 만들기 위한 지역사회 참여와 자원봉사의 이점에 대해 논의할 것이다.

2장 '어떻게, 어느 선에서 만족할 것인가?' 에서는 자신이 무엇을 원하는지 그리고 성공을 어떻게 측정할 것인지 아는 것은 매우 중요하기 때문에 목표를 설정하고 만족 기준을 설정하는 것이 중요하다는 것을 논의할 것이다. 목표를 달성하는 것과 가진 것에 만족하는 것 사이에서 적절한 균형을 찾는 방법을 탐구할 것이다.

3장 '하루를 행복하게 채우라'에서는 삶의 작은 것들이 목적과 행복을 찾는 것에 있어서 큰 차이를 만들 수 있다는 사실과 기쁨과 성취감을 주는 작지만 의미 있는 활동으로 하루를 채우는 방법을 알아볼 것이다. 마음챙김과 감사함의 이점과 그것들을 일상생활에 어떻게 통합할 것인지에 대해 토론할 것이다.

4장 '인생에서 변하지 않는 진실들'에서는 끊임없이 변화하는 세상에서 진정으로 중요한 것들이지만 놓치기 쉬운 정직, 성실, 동정심 등 대대로 사람들을 인도해 온 영원한 진리를 탐구해 볼 것이다. 이러한 가치들은 삶의 부침을 헤쳐나갈 수 있는 도덕적 나침반을 제공하면서 목적 있는 삶을 위한 기초 역할을 해 줄 것이다.

5장 '당신의 목적의식은 어디에 기준하고 있는가'에서는 목적의 원천은 모두 다르다는 것. 어떤 사람들은 그들의 목적의식을 그들의 직업이나 직업에서 찾는 반면, 다른 사람들은 그것을 그들의 관계, 취미 또는 영성에서 찾는다. 그처럼 다양한 목적의 원천과 인간의 목적의식이 어디에서 오는지 확인하는 방법에 대해 알아보기로 한다.

6장 '감정을 성공에 도움이 되는 방식으로 이용하는 방법'에서는 감정은 우리의 목적 추구를 방해하거나 도울 수 있는 강력한 힘임을 다룰 것이다. 이 장에서는 우리의 감정을 긍정적으로 사용하여 성공을 촉진하는 방법에 대해 알아본다. 우리는 감성 지능의 이점과 더 큰 개인적이고 전문적인 성공을 위해 그것을 개발하는 방법에 대해 논의할 것이다.

삶의 목적을 찾는 것은 인내, 자기 성찰, 그리고 새로운 가능성을 탐구하려는 의지를 필요로 하는 지속적인 여행이다. 우리를 인도하는 영원한 진리를 받아들이고 우리의 목적의 근원을 파악하고 만족의 기준을 정하고 관계를 가꾸고 감정을 현명하게 사용하고 하루를 행복으로 채움으로써 목적적이고 성취감 있는 삶을 만들 수 있다. 앞으로 나가서 우리의 목적을 함께 발견해 보자.

Life is a journey full of twists and turns, with no clear destination in sight. Often, we find ourselves lost and searching for purpose and meaning in our lives. The good news is that there are many paths to discover our purpose, and it's never too late to start. In this book, we will explore 45 ways to find a purpose in life, covering everything from the timeless truths that never change to the importance of relationships and emotions. Let's begin the journey together.

Chapter 1: The Importance of Precious Relationships

Our relationships with others can be a major source of

purpose and fulfillment in life. In this chapter, we'll explore the importance of nurturing our relationships with family, friends, and romantic partners. We'll also discuss the benefits of community involvement and volunteering to create meaningful connections with others.

Chapter 2: What criteria and how will you be satisfied?

Knowing what you want and how you'll measure your success is crucial for finding purpose. In this chapter, we'll discuss the importance of setting goals and establishing criteria for satisfaction. We'll explore how to find the right balance between achieving our goals and being content with what we have.

Chapter 3: Fill the Day Happily

The little things in life can make a big difference when it comes to finding purpose and happiness. In this chapter, we'll explore how to fill our days with small but meaningful activities that bring joy and fulfillment. We'll discuss the benefits of mindfulness and gratitude, and how to incorporate them into our daily lives.

Chapter 4: Truth that does not change in life

In a world of constant change, it's easy to lose sight of the things that truly matter. In this chapter, we'll explore the timeless truths that have guided people for generations, such as honesty, integrity, and compassion. These values serve as a foundation for a purposeful life, providing a moral compass to navigate through the ups and downs of life.

Chapter 5: Where is your sense of purpose based?

The source of our purpose can be different for everyone. Some find their sense of purpose in their career or vocation, while others find it in their relationships, hobbies, or spirituality. In this chapter, we'll explore the various sources of purpose and how to identify where your sense of purpose comes from.

Chapter 6: How to Use Emotions in a Way That Helps Success

Emotions are a powerful force that can either hinder or help us in our quest for purpose. In this chapter, we'll explore how to use our emotions in a positive way to fuel our success. We'll discuss the benefits of emotional intelligence and how to develop it for greater personal and professional success.

Finding purpose in life is an ongoing journey, one that requires patience, self-reflection, and a willingness to explore new possibilities. By embracing the timeless truths that guide us, identifying the source of our purpose, setting criteria for satisfaction, nurturing our relationships, using our emotions wisely, and filling our days with happiness, we can create a purposeful and fulfilling life. Let's go forth and discover our purpose together.

| 차 례 |

1장_인연

2장_어떻게, 어느 선에서 만족할 것인가?

3장_하루를 행복하게 채우라

4장_인생에서 변하지 않는 진실들

5장_당신의 목적의식은 어디에 기준하고 있는가?

6장_감정을 성공에 도움이 되는 방식으로 이용하는 방법

1장

인연

해당 일러스트는 책의 제목과 목차, 주제를 AI에게 전달하고 받은 표지 일러스트 시안입니다.

제1장은 삶에서 우리의 목적의식을 어디에 기반을 두고 있는가에 대한 중요한 주제, 특히 다른 사람들과의 관계에 초점을 맞춘다. 이 장에서는 주변의 사람들이 우리의 목적의식과 성취감에 큰 영향을 미칠 수 있다는 생각을 탐구하고 건강하고 의미 있는 관계를 배양하는 방법에 대해 조언한다.

이 장에서 논의될 첫 번째 주제는 관계를 함부로 만들지 않는 것의 중요성이다. 이것은 관계에 완전히 투자하기 전에 누군가를 알아가는 시간을 갖는 것을 의미하고 우리의 가치와 목표와 일치하지 않을 수 있는 누군가와 관계를 형성하는 것의 잠재적인 결과를 염두에 두는 것을 의미한다.

다음으로 다루는 주제는 관계를 분리하는 것에 대한 생각이다. 모든 관계가 동등하게 만들어지는 것은 아니라는 것을 인식하는 것이 중요하며 삶에서 중요성을 바탕으로 다른 사람들보다 특정한 관계를 우선시하는 것은 괜찮다는 것을 다룰 것이다. 관계를 분리하고 진정으로 중요한 사람들에게 집중함으로 우리에게 가장 중요한 사람들과 더 깊고 의미 있는 관계를 구축할 수 있기 때문이다.

또한 건강한 관계를 구축하고 유지하기 위해 노력하는 것의 중요성을 강조한다. 우리는 인간관계에 투자할 때 그 사람과의 유대감을 강화할 뿐만 아니라 자신의 목적의식과 성취감을 향상시키기 때문이다. 진정한 관계는 노력을 필요로 하고 좋은 관계를 구축하는 데 시간이 걸린다는 것을 인식하는 것이 중요할 것이다.

한편 이 장에서는 유용성만을 목적으로 관계를 형성하는 것에 대해서도 경고하고 있다. 어떤 식으로든 우리에게 이익이 될 수 있는 관계를 찾는 것은 유혹적일 수 있지만 이 접근법은 궁극적으로 삶의 목적 의식에 기여하지 않는 얕고 충족되지 않는 연결로 이어질 수 있다.

또한 모든 관계가 긍정적이거나 유익한 것은 아니라는 것을 인정한다. 필연적으로 우리는 삶에 고통과 부정성을 가져오는 사람들을 만나게 될 것이다. 하지만 이 장에서 독자들은 부정적인 경험조차도 성장을 위한 귀중한 교훈과 기회를 제공할 수 있다는 것을 기억하도록 격려받을 것이다.

마지막으로 진실하고 진실한 사람들과의 관계에 투자하는 것의 중요성을 강조한다. 우리의 가치와 목표에 부합하는 사람들로 우리 자신을 둘러싸면서, 우리는 삶의 목적의식에 기여하는 더 깊고 의미 있는 관계를 구축할 수 있을 것이다.

결론적으로 1장에서는 삶의 목적의식에 기여할 수 있는 건강하고 의미 있는 관계를 구축하는 데 있어 귀중한 통찰력과 조언을 제공한다. 관계를 형성하는 데 시간을 들이고 진정으로 중요한 것들을 우선시하고 건강한 관계에 투자하고 유용성에만 근거한 관계를 피하고 부정적인 경험으로부터 배우고 진정한 관계를 찾음으로 독자들은 그들의 목적을 뒷받침하는 관계의 강력한 기반을 구축할 수 있으며 삶의 성취감을 느낄 수 있다는 점을 배울 것이다.

—

Chapter 1 focuses on the important topic of where our sense of purpose in life is based, specifically in relation to our relationships with others. This chapter explores the idea that the people we surround ourselves with can greatly impact our sense of purpose and fulfillment, and offers advice on how to cultivate healthy and meaningful relationships.

The first topic discussed in this chapter is the importance of not making relationships recklessly. This means taking the time to get to know someone before fully investing in a relationship, and being mindful of the potential consequences of forming a relationship with someone who may not align with our values and goals.

The next topic covered is the idea of separating relationships. It's important to recognize that not all relationships are created equal, and it's okay to prioritize certain relationships over others based on their significance in our lives. By separating relationships and focusing on those that truly matter, we can build deeper and more meaningful connections with the people who matter most to us.

The chapter also highlights the importance of putting effort into building and maintaining healthy relationships. When we invest in our relationships, we not only strengthen the bond with that person but also improve our own sense of purpose and fulfillment. It's important to recognize that true relationships require effort and that good relationships take time to build.

On the other hand, the chapter also cautions against forming relationships solely for the sake of usefulness. While it may be tempting to seek out relationships that can benefit us in some way, this approach can lead to shallow and unfulfilling connections that ultimately do not contribute to our sense of purpose in life.

The chapter also acknowledges that not all relationships will be positive or beneficial. Inevitably, we will encounter people who bring pain and negativity into our lives. However, the chapter encourages readers to remember that even negative experiences can provide valuable lessons and opportunities for growth.

Finally, the chapter emphasizes the importance of investing in relationships with people who are true and authentic. By surrounding ourselves with people who align with our values and goals, we can build deeper and more meaningful connections that contribute to our sense of purpose in life.

In conclusion, Chapter 1 of your book provides valuable insights and advice on building healthy and meaningful relationships that can contribute to our sense of purpose in life. By recognizing the importance of taking time to form relationships, prioritizing those that truly matter, investing in healthy relationships, avoiding relationships based solely on usefulness, learning from negative experiences, and seeking out authentic connections, readers can build a strong foundation of relationships that support their purpose and fulfillment in life.

1. 함부로 인연을 맺지 마라

누구와도 무모한 관계를 갖는 것은 삶의 목적을 찾는 데 심각한 장애가 될 수 있다. '무모한 관계'라고 말할 때 우리는 그것이 파트너의 행동 때문인지, 관계 자체의 성격 때문인지, 아니면 다른 요소들 때문인지, 어떤 식으로든 건강하지 않거나 해로운 관계에 대해 이야기하는 것이다.

이런 종류의 관계들은 믿을 수 없을 정도로 산만할 수 있고 그것들은 자신과 목표에 집중하는 것을 방해할 수 있다. 자신을 무너뜨리는 것이 독한 파트너든, 지나치게 통제하거나 요구하는 파트너든, 단순히 우리의 시간과 에너지를 모두 차지하는 관계든, 무모한 관계는 삶의 목적을 찾는데 큰 장애물이 될 수 있다.

무모한 관계에서 가장 큰 어려움 중 하나는 그들이 식별하기 어려울 수 있다는 것이다. 새로운 관계의 드라마와 흥분에 휘말리기 쉽고 그것이 삶에 미치는 부정적인 영향을 알아차리지 못한다. 파트너의 행동에 대해 변명을 하거나 그들을 기쁘게 하기 위해 자신의 필요와 욕구를 무시하는 자신을 발견할지도 모른다.

무모한 관계를 피하는 첫 번째 단계는 징후를 인식하는 것이다. 만약 자신이 계속해서 불행하거나 스트레스를 받고 있거나 당신의 파트너가 항상 당신의 관심을 요구하거나 삶을 통제하고 있다면 그 관계를 재평가할 때가 올지도 모른다. 다른 경고 신호들은 파트너 주변에서 계속해서 계란 껍질을 밟고 있다는 느낌, 당신 자신이 스스로가 될 수 없다는 느낌, 또는 얻는 것보다 항상 더 많은 것을 주는 것 같은 느낌이 포함될 수 있다.

만약 무모한 관계에 있는 자신을 발견한다면 다음 단계는 행동을 취해야 한다. 이것은 파트너와 어려운 대화를 하는 것을 의미할 수도 있고 관계를 완전히 끝내는 것을 의미할 수도 있다. 아끼는 누군가를 보내는 것은 어려울 수 있지만 자신의 행복과 행복이 항상 우선되어야 한다는 것을 기억하는 것이 중요하다.

일단 무모한 관계로부터 자유로워지면 자신의 목표와 열정에 전념할 수 있는 더 많은 시간, 에너지, 그리고 감정적인 자원이 있다는 것을 발견할 것이다. 이것은 독이 되거나 해로운 관계에 의해 지속적으로 산만해지는 것이 아니라 자신과 자신의 필요에 집중할 수 있게 해주기 때문에 삶에서 목적을 찾는 데 중요한 단계다.

물론 무모한 관계를 피하는 것이 항상 쉬운 것은 아니다. 우리는 모두 인간이고, 실수를 한다. 하지만 독성이 있는 관계의 징후를 인식하고 필요할 때 기꺼이 행동을 취함으로 여러분은 삶의 목적을 찾는 데 있어 가장 큰 장애물 중 하나를 피할 수 있다. 기억하자, 여러분은 행복하고 건강하고 성취감을 느낄 자격이 있고 무모한 관계는 그 목표들을 성취하는 데 도움이 될 것 같지 않다. 그래서 만약 당신의 최선의 이익에 도움이 되지 않는 관계에 있는 자신을 발견한다면 그것은 자신을 지키고 관계들을 정리하는 일에 집중할 시간일지도 모른다.

—

Having a reckless relationship with anyone can be a serious hindrance to finding a purpose in life. When we say "reckless relationship," we're talking about relationships that are unhealthy or harmful in some way, whether it's due to the partner's behavior, the nature of the relationship itself, or other factors.

These types of relationships can be incredibly distracting, and they can keep you from focusing on yourself and your goals. Whether it's a toxic partner who brings you down, a partner who is overly controlling or demanding, or simply a relationship that takes up all of your time and energy, a reckless relationship can be a major obstacle to finding your purpose in life.

One of the biggest challenges with reckless relationships is that they can be hard to identify. It's easy to get caught up in the drama and excitement of a new relationship, and not notice the negative effects it's having on your life. You might find yourself making excuses for your partner's behavior, or ignoring your own needs and desires in order to please them.

The first step in avoiding a reckless relationship is to be aware of the signs. If you find yourself constantly unhappy or stressed out, or if your partner is always demanding your attention or controlling your life, it may be time to re-evaluate the relationship. Other warning signs might include feeling like you're constantly walking on eggshells around your partner, feeling like you can't be yourself, or feeling like you're always giving more than you're getting.

If you do find yourself in a reckless relationship, the next step is to take action. This might mean having a difficult conversation with your partner about the problems in the relationship, or it might mean ending the relationship altogether. It can be hard to let go of someone you care about, but it's important to remember that your own happiness and well-being should always come first.

Once you've freed yourself from a reckless relationship, you'll likely find that you have more time, energy, and emotional resources to devote to your own goals and passions. This is a crucial step in finding your purpose in life, as it allows you to focus on yourself and your own needs, rather than being constantly distracted by a toxic or harmful relationship.

Of course, avoiding a reckless relationship isn't always easy.

We're all human, and we all make mistakes. But by being aware of the signs of a toxic relationship, and by being willing to take action when necessary, you can avoid one of the biggest obstacles to finding your purpose in life. Remember, you deserve to be happy, healthy, and fulfilled, and a reckless relationship is unlikely to help you achieve those goals. So if you find yourself in a relationship that isn't serving your best interests, it may be time to move on and focus on yourself.

2. 스쳐가는 인연을 구분하라

스쳐가는 인연을 구분하는 것은 삶의 목적과 의미를 찾는 데 있어 어렵지만 필요한 부분이 될 수 있다. 우리는 삶을 살아가면서 자연스럽게 다양한 사람들과 연결고리를 형성한다. 이러한 연결 중 일부는 깊고 의미 있는 반면, 다른 것들은 더 캐주얼하고 지나가는 것이다. 모든 관계를 유지하는 것은 유혹적일 수 있지만 심지어 지나가는 관계조차도 그렇게 하는 것은 현재에 진정한 목표와 열정을 추구하는 것을 막을 수 있다.

그렇다면 지나가는 관계를 분리한다는 것은 무엇을 의미할까? 그것은 관계가 정상적으로 진행되어 더 이상 우리의 최선의 이익에 도움이 되지 않는 때를 인식하는 것을 의미한다. 이것은 더 이상 충족시키지 못하는 우정이나 로맨틱한 관계를 포기하거나 부정적이거나 독성이 있는 사람들과 거리를 두는 것을 포함할 수 있다.

지나가는 관계들을 분리하는 것은 우리가 다른 사람들과의 연결로부터 진정으로 원하고 필요로 하는 것에 대해 스스로에게 솔직할 필요가 있다. 그것은 더 이상 우리의 최선의 이익에 도움이 되지 않는 관계들을 그렇게 하는 것이 어렵거나 고통스럽더라도 기꺼이 놓아준다는 것을 의미한다. 그것은 또한 부정적이거나 독성이 있는 사람들과 기꺼이 경계를 정하고 시간과 에너지를 진정으로 의미 있고 성취감 있는 관계에 집중하는 것을 의미한다.

지나가는 관계를 분리하는 한 가지 방법은 진정으로 중요한 사람들과 깊고 의미 있는 관계를 구축하는 데 집중하는 것이다. 이것은 가장 중요한 관계에 시간과 노력을 투자하고 우리가 그 개인들과 함께 있을 때 존재하고 주의를 기울이는 것을 의미한다. 더 이상 충족되지 않는 관계를 기꺼이 포기하고 자신의 가치와 목표에 부합하는 새로운 연결고리를 찾는다는 의미도 있다.

지나가는 관계를 분리하는 또 다른 방법은 우리의 진정한 관심사와 열정에 부합하는 활동과 추구에 참여하는 것이다. 이것은 새로운 취미나 관심사를 추구하거나 우리의 경력이나 개인적인 목표를 발전시키기 위한 단계를 밟는 것을 포함할 수 있다. 진정으로 중요한 것들에 초점을 맞추면 같은 생각을 가진 사람들을 우리의 삶에 끌어들일 수 있고 그들과 더 깊고 의미 있는 관계를 구축할 수 있다.

지나가는 관계를 분리하는 것은 또한 기꺼이 용서하고 과거의 갈등이나 부정적인 경험에서 벗어나는 것을 포함할 수 있다. 이것은 원한과 원한을 기꺼이 풀어주고, 관계의 긍정적인 측면에 초점을 맞추는 것을 의미한다. 그것은 또한 그들과 더 강하고 의미 있는 관계를 구축하기 위해 아끼는 사람들과 기꺼이 공개적이고 정직하게 소통하는 것을 의미한다.

결국 스쳐가는 관계들을 분리하는 것은 삶의 목적과 의미를 찾는데 어렵지만 필요한 부분이 될 수 있다. 그것은 다른 사람들과의 연결로부터 진정으로 원하고 필요로 하는 것에 대해 자신에게 솔직해지는 것과 더 이상 충족되지 않는 관계를 기꺼이 놓아주는 것을 포함한다. 진정으로 중요한 사람들과 깊고 의미 있는 관계를 구축하는 데 초점을 맞추고 진정한 관심과 열정에 부합하는 활동과 추구를 추구함으로 우리는 삶의 목적의식과 성취감을 만들 수 있다.

Separating the relationships that are passing by can be a difficult but necessary part of finding purpose and meaning in life. As we go through life, we naturally form connections with a wide range of people. Some of these connections are deep and meaningful, while others are more casual and passing. While it can be tempting to hold onto all of our relationships, even the passing ones, doing so can prevent us from truly living in the present and pursuing our true goals and passions.

So, what does it mean to separate the relationships that are passing by? It means recognizing when a relationship has run its course and is no longer serving our best interests. This may involve letting go of friendships or romantic relationships that are no longer fulfilling, or distancing ourselves from people who are negative or toxic.

Separating the relationships that are passing by requires us to be honest with ourselves about what we truly want and need from our connections with others. It means being willing to let go of relationships that are no longer serving our best interests, even if it is difficult or painful to do so. It also means being willing to set boundaries with people who are negative or toxic, and to focus our time and energy on the relationships that are truly meaningful and fulfilling.

One way to separate the relationships that are passing by is to focus on building deep and meaningful connections with the people who truly matter to us. This means investing time and effort into the relationships that are most important, and being present and attentive when we are with those individuals. It also means being willing to let go of relationships that are no longer fulfilling, and to seek out new connections that are in line with our values and goals.

Another way to separate the relationships that are passing by is to engage in activities and pursuits that are in line with our true interests and passions. This may involve pursuing new hobbies or interests, or taking steps to advance our careers or personal goals. By focusing on the things that truly matter to us, we can attract like-minded people into our lives and build deeper, more meaningful connections with them.

Separating the relationships that are passing by can also involve being willing to forgive and move on from past conflicts or negative experiences. This means being willing to let go of grudges and resentments, and focusing on the positive aspects of our relationships. It also means being willing to communicate openly and honestly with those we care about, in order to build stronger and more meaningful connections with them.

In conclusion, separating the relationships that are passing by can be a difficult but necessary part of finding purpose and meaning in life. It involves being honest with ourselves about what we truly want and need from our connections with others, and being willing to let go of relationships that are no longer fulfilling. By focusing on building deep and meaningful connections with the people who truly matter to us, and pursuing the activities and pursuits that are in line with our true interests and passions, we can create a sense of purpose and fulfillment in our lives.

3. 진정한 인연이라면 최선을 다해서 좋은 인연으로 맺으라

좋은 관계를 구축하고 유지하는 것은 시간, 노력, 그리고 헌신이 필요하다. 그것은 다른 사람을 위해, 관계를 강하게 유지하기 위해 여러 역할의 헌신을 필요로 한다. 정직, 존경, 신뢰의 기반 위에 세워진 진정한 관계에 있어서 이러한 헌신은 특히 중요하다.

좋은 관계의 중심에는 효과적인 의사소통이 있다. 이것은 기꺼이 경청하고 당신 자신의 생각과 감정을 공유하며 어떤 의견 차이도 존중하고 건설적인 방식으로 헤쳐나가는 것을 의미한다. 그것은 또한 그렇게 하는 것이 어렵거나 불편할 때에도 상대방에게 개방적이고 정직하다는 것을 의미한다.

좋은 관계를 형성하는 또 다른 중요한 측면은 상대방에 대한 공감과 연민을 보여주는 것이다. 이것은 그들의 입장에 서서 그들의 관점을 이해하려고 노력하고 상황이 어려워질 때에도 지지하고 배려하는 것을 의미한다. 그것은 또한 자신의 필요나 경계를 희생하지 않고 기꺼이 타협하고 상대방을 위해 희생하는 것을 의미한다.

좋은 관계를 형성하고 유지하기 위해서는 인내심과 이해심을 갖는 것도 중요하다. 관계가 항상 쉬운 것은 아니며 도중에 험난한 일이 생길 가능성이 높다. 상대방에게 인내심을 갖고 그들이 자신의 도전과 투쟁에 대처하고 있을지도 모른다는 것을 인식하는 것은 강하고 지속적인 관계를 구축하는 데 큰 도움이 될 수 있다.

물론 좋은 관계를 구축하는 것은 양방향이다. 양측은 관계를 잘 유지하고 상황을 강하게 유지하는 데 필요한 시간과 노력을 기울이는 데 전념할 필요가 있다. 이는 타협하고 효과적으로 의사소통하며 발생할 수 있는 모든 문제를 해결하려는 의지를 의미한다.

정직, 존경, 신뢰를 바탕으로 구축된 진정한 관계에 관해서는 더 큰 위험이 따른다. 이러한 관계는 종종 우리 삶에서 가장 중요한 관계이며 깊은 수준의 헌신과 헌신을 필요로 한다. 그러나 양측이 기꺼이 일을 할 때 그 보상은 헤아릴 수 없을 정도로 클 수 있다.

궁극적으로 좋은 관계를 구축하고 유지하는 것은 상대방을 위해 나타나고, 도전과 어려움을 통해 기꺼이 일을 하고 연결을 강하게 유지하는 데 필요한 노력을 기울이는 것이다. 그것이 낭만적인 관계이든, 우정이든, 가족 관계이든, 이러한 원칙들이 적용된다. 그리고 두 당사자가 관계를 효과적으로 만들기 위해 헌신할 때, 성장, 행복, 그리고 성취의 가능성은 정말 무한하다.

—

Building and maintaining a good relationship takes time, effort, and dedication. It requires a commitment to showing up for the other person and doing your part to keep the relationship strong. When it comes to true relationships, those that are built on a foundation of honesty, respect, and trust, this commitment is especially important.

At the heart of any good relationship is effective communication. This means being willing to listen, share your own thoughts and feelings, and work through any disagreements in a respectful and constructive way. It also means being open and honest with the other person, even when it might be difficult or uncomfortable to do so.

Another key aspect of building a good relationship is showing empathy and compassion for the other person. This means putting yourself in their shoes, trying to understand their perspective, and being supportive and caring, even when things get tough. It also means being willing to compromise and make sacrifices for the other person, without sacrificing your own needs or boundaries.

In order to build and maintain a good relationship, it's also important to be patient and understanding. Relationships aren't always easy, and there are likely to be bumps in the road along the way. Being patient with the other person, and recognizing that they may be dealing with their own challenges and struggles, can go a long way towards building a strong and lasting connection.

Of course, building a good relationship is a two-way street. Both parties need to be committed to making the relationship work, and putting in the time and effort necessary to keep things strong. This means being willing to compromise, communicate effectively, and work through any issues that may arise.

When it comes to true relationships, those that are built on a foundation of honesty, respect, and trust, the stakes are even higher. These relationships are often the most important ones in our lives, and they require a deep level of commitment and dedication. But when both parties are willing to put in the work, the rewards can be immeasurable.

Ultimately, building and maintaining a good relationship is about showing up for the other person, being willing to work through challenges and difficulties, and putting in the effort necessary to keep the connection strong. Whether it's a romantic relationship, a friendship, or a family relationship, these principles apply. And when both parties are committed to making the relationship work, the possibilities for growth, happiness, and fulfillment are truly limitless.

4. 헤프게 인연을 맺어 놓으면 쓸만한 인연을 만나지 못한다

그 어느 때보다 의사소통이 빠르고 쉬운 오늘날의 세상에서, 피상적인 관계를 맺는 함정에 빠지는 것은 모두 너무 쉽다. 소셜미디어에 수많은 친구들이 있지만 실생활에서 깊고 의미 있는 연결고리가 되는 인연으로는 부족하다. 그 결과는 단절감, 외로움, 그리고 목적의 부족이다.

결론은 좋은 관계를 구축하는 것은 시간, 노력, 그리고 헌신이 필요하다는 것이다. 그것은 상대방에게 기꺼이 투자하고 그들을 위해 나타나고 그들이 당신을 필요로 할 때 그들을 위해 그곳에 있다는 것을 의미한다. 필요한 시간과 노력을 들이지 않고 느슨하게 관계를 만들 때 여러분은 여러분이 성장하고 배우고 삶의 목적을 찾는데 도움을 줄 수 있는 유용한 관계를 만날 가능성이 거의 없다.

의미 있는 관계를 구축하는 데 중요한 요소 중 하나는 의사소통이다. 관계가 잘 돌아가도록 하기 위해서는 기꺼이 상대방과 터놓고 솔직하게 대화하고 상대방이 해야 할 말을 경청하고 자신의 생각과 감정을 공유할 수 있어야 한다. 이것은 기꺼이 취약해지고 당신이 틀렸을 때 인정하고 피드백과 건설적인 비판에 열려 있다는 것을 의미한다.

또 다른 중요한 요소는 신뢰다. 신뢰가 없다면 강하고 의미 있는 관계를 구축하는 것은 불가능하다. 이것은 신뢰할 수 있고 약속을 지키고 다른 사람에게 정직해지는 것을 의미한다. 그것은 또한 일이 계획대로 진행되지 않을 때에도 기꺼이 용서받고 용서받는다는 것을 의미한다.

좋은 관계는 또한 노력과 헌신을 필요로 한다. 이것은 관계를 구축하는 데 필요한 시간과 에너지를 기꺼이 투입해야 한다. 그것은 삶의 다른 것들이 방해가 될 때에도 기꺼이 관계의 우선순위를 정하는 것이다.

필요한 시간과 노력, 헌신을 들이지 않고 느슨하게 관계를 만들 때 유용한 관계를 만날 가능성은 낮다. 여러분은 많은 지인이 있을지 모르지만 삶의 목적을 찾는데 도움을 줄 수 있는 깊고 의미 있는 연결고리가 부족할 것이다.

궁극적으로 좋은 관계를 구축하는 열쇠는 존재하는 것과 의도적인 것이다. 이것은 다른 사람에게 기꺼이 투자하고 그들을 위해 나타나고 그들의 말을 듣고 그들이 당신을 필요로 할 때 그들을 위해 그곳에 있는 것을 의미한다. 그것은 또한 희생을 기꺼이 하고 필요할 때 관계를 강하게 유지하기 위해 타협하는 것을 의미한다.

결국 인생에서 가장 중요한 관계는 신뢰, 의사소통, 노력, 그리고 헌신의 토대 위에 세워진 관계들이다. 이것들은 여러분이 성장하고 배우고 삶의 목적을 찾도록 도와줄 수 있는 관계들이다. 그리고 그들은 시간과 노력이 필요한 경우에도 투자할 가치가 있는 사람들이다.

—

In today's world, where communication is faster and easier than ever before, it's all too easy to fall into the trap of making superficial relationships. We have countless friends on social media, but often lack deep, meaningful connections in real life. The result is a sense of disconnection, loneliness, and a lack of purpose.

The truth is that building a good relationship takes time, effort, and commitment. It means being willing to invest in the other person, to show up for them and to be there for them when they need you. When you make a relationship in a loose way, without putting in the necessary time and effort, you are unlikely to meet a useful relationship that can help you grow, learn and find your purpose in life.

One of the key factors in building a meaningful relationship is communication. To make a relationship work, you need to be willing to talk openly and honestly with the other person, to listen to what they have to say, and to share your own thoughts and feelings. This means being willing to be vulnerable, to admit when you're wrong, and to be open to feedback and constructive criticism.

Another important factor is trust. Without trust, it's impossible to build a strong and meaningful relationship. This means being reliable, keeping your promises, and being honest with the other person. It also means being willing to forgive and to be forgiven, even when things don't go as planned.

A good relationship also requires effort and commitment. This means being willing to put in the time and energy necessary to build the relationship. It means being willing to prioritize the relationship, even when other things in your life get in the way.

When you make a relationship in a loose way, without putting in the necessary time, effort, and commitment, you are unlikely to meet a useful relationship. You may have plenty of acquaintances, but you'll lack the deep, meaningful connections that can help you find your purpose in life.

Ultimately, the key to building a good relationship is to be present and to be intentional. This means being willing to invest in the other person, to show up for them, to listen to them, and to be there for them when they need you. It also means being willing to make sacrifices and to compromise, when necessary, to keep the relationship strong.

In the end, the relationships that matter most in life are the ones that are built on a foundation of trust, communication, effort, and commitment. These are the relationships that can help you grow, learn, and find your purpose in life. And they are the ones that are worth investing in, even when it takes time and effort.

5. 어설픈 인연만 만나게 되는 인생은 고통을 받는다

인간은 사회적 생명체이며 우리는 연결과 공동체를 통해 번영을 누린다. 삶에서 강하고 건강한 관계를 맺을 때 우리는 더 성취감을 느끼고 더 에너지가 넘치고 더 목적적이라고 느낀다. 그러나 연결, 신뢰, 이해의 부족으로 특징지어지는 어설픈 관계들만 만날 때 우리의 삶은 큰 고통을 받을 수 있다.

서투른 관계의 가장 큰 문제 중 하나는 그들이 종종 우리를 고립되고 외롭게 만든다는 것이다. 사람들에게 둘러싸여 있을지도 모르지만 어떤 의미 있는 방식으로도 그들과 연결되어 있다고 느끼지 않는다. 삶에서 목적의식이나 방향감각이 부족할 수도 있고 목표와 꿈을 추구할 동기를 찾기 위해 고군분투할 수도 있다.

서투른 관계의 또 다른 문제는 지치고 스트레스를 받을 수 있다는 것이다. 지속적으로 갈등, 오해, 그리고 관계에 대한 신뢰 부족을 다룰 때 그것은 신체적, 정신적 건강에 피해를 줄 수 있다. 불안함, 우울함, 또는 압도감을 느낄 수 있고 일상 생활에서 기쁨이나 성취감을 찾기 위해 고군분투할 수 있다.

이러한 부정적인 결과를 피하기 위해서는 삶에서 건강하고 의미 있는 관계를 구축하는 데 집중하는 것이 중요하다. 이것은 자신을 둘러싸고 있는 사람들에 대해 의도적이고 강하고 지속적인 관계를 구축하는 데 필요한 시간과 노력을 기꺼이 투자하는 것을 의미한다.

건강한 관계의 핵심 요소 중 하나는 의사소통이다. 우리가 삶에서 사람들과 효과적으로 소통할 때 그들의 필요, 그들의 욕망, 그리고 그들의 관점을 더 잘 이해할 수 있다. 우리는 갈등과 의견 불일치를 건설적인 방식으로 극복할 수 있고 시간이 지남에 따라 신뢰와 이해를 쌓을 수 있다.

건강한 관계의 또 다른 중요한 요소는 공감이다. 다른 사람의 입장이 되어 그들의 경험과 감정을 이해할 수 있을 때 그들과 더 잘 연결될 수 있다. 우리는 더 많은 도움을 주고 보살펴 줄 가능성이 있고 어려운 시기를 통해 그들을 도울 수 있을 가능성이 더 높다.

궁극적으로 어설픈 관계를 피하는 열쇠는 우리의 삶에 들여보낸 사람들에 대해 의도를 갖고 대하는 것이다. 건강하고 의미 있는 관계를 구축하기 위해 필요한 시간과 노력을 기꺼이 투자해야 하고 도움이 되지 않는 관계를 긍정적인 방식으로 기꺼이 포기해야 한다.

건강하고 의미 있는 관계를 구축함으로서 삶에서 목적과 성취감을 찾을 수 있다. 우리를 지지하고 영감을 주는 사람들로 자신을 둘러쌀 수 있고 목표와 꿈을 이루기 위해 함께 일할 수 있다. 그리고 고립, 스트레스, 그리고 목적의 부족과 같은 어설픈 관계들만 만나는 것에서 오는 부정적인 결과들을 피할 수 있다.

—

Human beings are social creatures, and we thrive on connection and community. When we have strong, healthy relationships in our lives, we feel more fulfilled, more energized, and more purposeful. But when we meet only clumsy relationships, those that are marked by a lack of connection, trust, and understanding, our lives can suffer greatly.

One of the biggest problems with clumsy relationships is

that they often leave us feeling isolated and alone. We may be surrounded by people, but we don't feel connected to them in any meaningful way. We may lack a sense of purpose or direction in our lives, and we may struggle to find the motivation to pursue our goals and dreams.

Another problem with clumsy relationships is that they can be draining and stressful. When we're constantly dealing with conflict, misunderstandings, and a lack of trust in our relationships, it can take a toll on our physical and mental health. We may feel anxious, depressed, or overwhelmed, and we may struggle to find joy or fulfillment in our daily lives.

In order to avoid these negative consequences, it's important to focus on building healthy, meaningful relationships in our lives. This means being intentional about the people we surround ourselves with, and being willing to invest the time and effort necessary to build strong, lasting connections.

One of the key elements of a healthy relationship is communication. When we communicate effectively with the people in our lives, we're better able to understand their needs, their desires, and their perspectives. We're able to work through conflict and disagreements in a constructive way, and we're able to build trust and understanding over time.

Another important element of a healthy relationship is empathy. When we're able to put ourselves in the shoes of another person, to understand their experiences and their emotions, we're better able to build a connection with them. We're more likely to be supportive and caring, and we're more likely to be able to help them through difficult times.

Ultimately, the key to avoiding clumsy relationships is to be intentional about the people we let into our lives. We should be willing to invest the time and effort necessary to build healthy, meaningful connections, and to be willing to let go of relationships that aren't serving us in a positive way.

By building healthy, meaningful relationships, we can find purpose and fulfillment in our lives. We can surround ourselves with people who support and inspire us, and we can work together to achieve our goals and dreams. And we can avoid the negative consequences that come from meeting only clumsy relationships, such as isolation, stress, and a lack of purpose.

6. 정말 필요한 인연은 몇몇 사람이면 부족함이 없다

인생에서 가장 중요한 것 중 하나는 우리가 다른 사람들과 형성하는 관계다. 이러한 관계들은 우리에게 소속감, 사랑, 그리고 목적을 제공할 수 있다. 우리는 많은 지인들과 가벼운 우정을 가지고 있을지 모르지만 삶에서 정말 중요한 사람들은 소수다. 이 사람들은 우리를 지지하고 도전하고 최고의 자신이 되도록 영감을 주는 사람들이다.

소수의 사람들만이 진정으로 필요로 하기에 충분하다는 생각은 새로운 것이 아니다. 사실 그것은 많은 철학자, 작가, 그리고 사상가들에 의해 수년간 탐구되어 온 개념이다. 에리히 프롬은 저서 『사랑의 기술』에서 '진정으로 사랑하는 유일한 방법은 다른 사람과 깊고 의미 있는 관계를 형성할 수 있는 것'이라고 주장한다. 그는 이어 '사랑은 행복의 감정이 아니다. 사랑은 기꺼이 희생하는 것이다.'라고 했다.

우리의 삶에서 가장 중요한 사람들은 종종 우리가 기꺼이 희생하는 사람들이다. 그들은 비록 그것이 우리 자신의 필요와 욕망을 제쳐놓는 것을 의미하더라도 무엇이든 할 수 있는 사람들이다. 이 사람들은 가족, 가까운 친구, 또는 로맨틱한 파트너일 수 있다.

정말 중요한 사람들의 수는 적을지 모르지만 그들이 삶에 미칠 수 있는 영향은 상당하다. 이 사람들은 삶의 목적을 찾도록 도와줄 수 있는 사람들이다. 그들은 목표와 꿈을 추구하는 데 필요한 지원과 격려를 제공할 수 있다. 그들은 우리가 최고의 자신이 되고 자신의 잠재력을 최대한 발휘하고 도전하게 만든다. 그들은 더 동정적이고 더 공감적이고 더 사랑스러워지도록 영감을 줄 수 있다.

삶에서 가장 중요한 사람들을 진정으로 감사하기 위해서는 이러한 관계를 배양하고 육성하는 시간을 갖는 것이 중요하다. 이것은 들과 함께 있을 때 그들이 말하는 것을 적극적으로 듣고 자신의 행동과 말을 통해 그들에게 신경 쓴다는 것을 보여주는 것을 의미한다. 그것은 또한 기꺼이 용서하고 일어날 수 있는 도전과 갈등을 헤쳐나가겠다는 것을 의미한다. 삶에서 가장 중요한 사람들과 강하고 의미 있는 관계를 맺을 때 우리는 더 성취감과 목적의식을 느낄 가능성이 있다. 이러한 관계들은 소속감과 세상을 변화시키고 있다는 느낌을 주기 때문이다. 그것들은 또한 삶의 다른 영역에서 찾기 힘든 기쁨과 행복감을 줄 수 있다.

물론, 관계가 일방통행이 아니라는 것을 기억하는 것이 중요하다. 삶에서 가장 중요한 사람들로부터 진정으로 이익을 얻기 위해서는 기꺼이 줄 뿐만 아니라 받을 수도 있어야 한다. 이것은 그들이 우리를 필요로 할 때 그들을 위해 있고 그들에게 지지와 격려를 제공하고 그들의 삶에 긍정적인 영향을 미치기 위해 최선을 다하는 것을 의미한다.

정말 필요한 소수의 사람으로도 충분하다는 생각은 강력한 것이다. 우리가 많은 지인들과 가벼운 우정을 가지고 있을지도 모르지만 진정으로 중요한 것은 깊고 의미 있는 관계를 맺고 있는 사람들이다. 이러한 관계를 배양하고 육성하는 시간을 가짐으로서 삶에서 가장 중요한 사람들에게 진심으로 감사할 수 있고 세상에서 더 큰 목적의식을 찾게 될 것이다.

One of the most important things in life is the relationships we form with others. These relationships can provide us with a sense of belonging, love, and purpose. While we may have many acquaintances and casual friendships, there are only a few people in our lives who really matter. These people are the ones who support us, challenge us, and inspire us to be our best selves.

The idea that only a few people are enough to really need is not a new one. In fact, it is a concept that has been explored by many philosophers, writers, and thinkers over the years. In his book, "The Art of Loving," Erich Fromm argues that "the only way to truly love is to be able to form a deep and meaningful connection with another person." He goes on to say that "love is not a feeling of happiness. Love is a willingness to sacrifice."

The people who matter most in our lives are often the ones who we are willing to sacrifice for. They are the ones who we would do anything for, even if it meant putting our own needs and desires aside. These people may be our family members, close friends, or romantic partners.

While the number of people who really matter to us may be small, the impact they can have on our lives is significant. These are the people who can help us find our purpose in life. They can provide us with the support and encouragement we need to pursue our goals and dreams. They can challenge us to be our best selves and to reach our full potential. They can inspire us to be more compassionate, more empathetic, and more loving.

In order to truly appreciate the people who matter most in our lives, it is important to take the time to cultivate and nurture these relationships. This means being present and attentive when we are with them, actively listening to what they have to say, and showing them that we care through our actions and words. It also means being willing to forgive and to work through challenges and conflicts that may arise.

When we have strong, meaningful connections with the people who matter most in our lives, we are more likely to feel fulfilled and purposeful. These relationships can provide us with a sense of belonging and a feeling that we are making a difference in the world. They can also give us a sense of joy and happiness that is hard to find in other areas of life.

Of course, it is important to remember that relationships are not a one-way street. In order to truly benefit from the people who matter most in our lives, we need to be willing to give as well as receive. This means being there for them when they need us, providing them with support and encouragement, and doing our best to be a positive influence in their lives.

In conclusion, the idea that only a few people are enough to really need is a powerful one. While we may have many acquaintances and casual friendships, it is the people who we have deep, meaningful connections with who truly matter. These are the people who can provide us with a sense of purpose, fulfillment, and joy. By taking the time to cultivate and nurture these relationships, we can truly appreciate the people who matter most in our lives and find a greater sense of purpose in the world.

7. 진실은 진실한 사람에게만 투자해야 한다

진실한 사람들에게 진정성을 투자하는 것은 삶의 목적과 의미를 찾는 중요한 부분이다. 진정성은 진실하고 정직한 감정의 표현이며 진정으로 번영하기 위해서는 신뢰와 개방이 필요하다. 진실하지 않거나 신뢰할 수 없는 사람들에게 우리의 진정성을 투자할 때, 우리는 상처를 받거나 실망할 위험이 있다. 반면에, 진실한 사람들에게 우리의 진정성을 투자할 때 의미 있는 관계를 구축할 수 있다. 자신의 진정성을 진실한 사람들에게만 투자한다는 것은 무엇을 의미인가?

그것은 정직하고 신뢰할 수 있고 진실한 사람들을 찾는 것을 의미한다. 판단 없이 들어주고 필요할 때 지지와 격려를 하고 어떤 일이 있어도 내 곁에 있어 줄 사람들이다. 그들은 어려운 일이 있더라도 나에게 정직하고 나의 가장 좋은 이익을 마음에 둘 사람들이다.

진실한 사람에게 자신의 진정성을 투자하는 것은 분별력을 필요로 있다. 그것은 사람들에게 마음을 열기 전에 그들을 알아가는 데 시간을 들이는 것과 필요할 때 기꺼이 경계를 정하는 것을 의미한다. 그것은 또한 같은 생각을 가진 사람들을 자신의 삶에 끌어들일 수 있도록 자신이 정직하고 진실하다는 것을 의미한다.

진실한 사람들에게 진정성을 투자하는 한 가지 방법은 깊고 의미 있는 관계를 구축하는 데 집중하는 것이다. 이것은 관계에 시간과 노력을 투자하고 다른 사람들과 함께 있을 때 존재하고 주의를 기울이는 것을 의미한다. 그것은 또한 자신의 생각과 감정을 기꺼이 공유하고 다른 사람들이 말하는 것을 적극적으로 경청하는 것을 의미한다. 깊고 의미 있는 인맥을 쌓음으로서 자신에게 목적의식과 성취감을 줄 수 있는 공동체 의식과 소속감을 만들 수 있다.

진실한 사람들에게 진정성을 투자하는 또 다른 방법은 자신의 가치와 목표를 공유하는 사람들을 찾는 것이다. 이것은 자신의 가치와 목표에 대해 명확하게 하고 그것과 일치하는 사람들을 찾는 것을 의미한다. 그것은 또한 자신의 가치와 목표에 부합하는 활동과 추구에 기꺼이 참여하는 것을 의미한다. 또한 진실한 사람에게 진정성을 투자하는 것은 기꺼이 용서하고 함께 도전하는 것이 포함할 수 있다. 어떤 관계도 완벽하지 않고 갈등이 생길 때가 있을 것이다. 하지만 이러한 도전들을 기꺼이 극복함으로서 우리는 진실하고 신뢰할 수 있는 사람들과 훨씬 더 강하고 의미 있는 관계를 구축할 수 있다.

결론적으로 진실한 사람들에게 우리의 진정성을 투자하는 것은 삶의 목적과 의미를 찾는 데 필수적인 부분이다. 그것은 정직하고 신뢰할 수 있고 진실한 사람들을 찾고 그들과 깊고 의미 있는 관계를 구축하는 것을 포함한다. 진실한 사람에게 선택적으로 투자한 우리의 진정성은 목적의식과 성취감을 주는 공동체 의식과 소속감을 만들어 준다. 그것은 진실하고 신뢰할 수 있는 사람들과 더 강력한 관계를 구축하기 위해 기꺼이 용서하고 관계에서 도전을 통해 일하는 것을 포함한다.

–

Investing our sincerity in true people is an important part of finding purpose and meaning in life. Sincerity is an expression of our genuine and honest feelings, and it requires trust and openness to truly thrive. When we invest our sincerity in people who are not true or trustworthy, we risk being hurt or let down. On the other hand, when we invest our sincerity in true people, we can build meaningful relationships that can provide us with a sense of purpose and fulfillment.

So, what does it mean to invest our sincerity only in true people? It means seeking out individuals who are honest, trustworthy, and authentic. These are the people who will listen to us without judgment, provide support and encouragement when we need it, and be there for us through thick and thin. They are the people who will be honest with us, even when it's difficult, and who will have our best interests at heart.

Investing our sincerity in true people requires us to be discerning about the relationships we form. It means being willing to take the time to get to know people before opening up to them, and being willing to set boundaries when necessary. It also means being honest and authentic ourselves, so that we can attract like-minded people into our lives.

One way to invest our sincerity in true people is to focus on building deep and meaningful connections. This means investing time and effort into our relationships, and being present and attentive when we are with others. It also means being willing to share our own thoughts and feelings, and to listen actively to what others have to say. By building deep and meaningful connections, we can create a sense of community and belonging that can provide us with a sense of purpose and fulfillment.

Another way to invest our sincerity in true people is to seek out individuals who share our values and goals. This means being clear about our own values and goals, and seeking out people who are aligned with them. It also means being willing to engage in activities and pursuits that are in line with our values and goals, in order to attract like-minded people into our lives.

Investing our sincerity in true people can also involve being willing to forgive and work through challenges in our relationships. No relationship is perfect, and there will be times when conflicts arise. However, by being willing to work through these challenges, we can build even stronger and more meaningful connections with those who are true and trustworthy.

In conclusion, investing our sincerity in true people is an essential part of finding purpose and meaning in life. It involves seeking out individuals who are honest, trustworthy, and authentic, and building deep and meaningful connections with them. By investing our sincerity in true people, we can create a sense of community and belonging that can provide us with a sense of purpose and fulfillment. It also means being willing to forgive and work through challenges in our relationships, in order to build even stronger connections with those who are true and trustworthy.

8. 자신에게 부족한 것을 채워줄 수 있는 사람을 찾아다니지 마라

삶의 목적과 의미에 대한 탐구에서 자신에게 부족한 것을 채워줄 수 있는 누군가를 찾는 것은 유혹적일 수 있다. 우리가 적절한 파트너, 친구 또는 멘토를 찾는다면 그들은 우리가 행복하고 성취감을 얻기 위해 필요한 지원, 지침 또는 검증을 제공할 수 있을 것이라고 믿을 수 있다. 그러나 이 접근법은 행복과 성취에 대한 책임을 자신이 아닌 다른 누군가에게 부과하기 때문에 문제가 될 수 있다.

그렇다면 부족한 것을 채워줄 수 있는 사람을 찾지 않는다는 것은 무엇을 의미하는가?

우리 자신의 행복과 성취에 대한 책임이 있고 원하는 삶을 창조할 수 있는 힘이 있다는 것을 인식하는 것을 의미한다. 그것은 자신의 강점과 약점을 기꺼이 소유하고 부족한 것을 채우기 위해 다른 사람들에게 의존하기보다는 자신을 개선하는 데 노력하는 것을 의미한다.

부족한 것을 채워줄 수 있는 사람을 찾지 않는 것은 자아 인식과 자신감을 길러줄 것을 요구한다. 그것은 장단점에 대해 자신에게 정직하고, 부족하다고 느끼는 분야에서 자신을 개선하기 위해 기꺼이 노력하는 것을 의미한다. 그것은 또한 비록 그것들이 편안한 영역 밖에 있더라도 기꺼이 위험을 감수하고 새로운 것들을 시도하는 것을 의미한다. 부족한 것을 채워줄 수 있는 사람을 찾는 것을 피하는 한 가지 방법은 강한 자기 가치와 자기 사랑을 형성하는 데 집중하는 것이다. 이것은 개인으로서 자신의 가치와 가치를 인정하고 기꺼이 친절과 연민으로 자신을 대한다는 것을 의미한다. 그것은 또한 기꺼이 다른 사람들과 경계를 정하고 자신의 필요와 욕망을 우선시하는 것을 의미한다.

부족한 것을 채워줄 수 있는 사람을 찾는 것을 피하는 또 다른 방법은 도움이 되고 긍정적인 관계를 찾는 것이다. 이것은 우리를 무너뜨리는 사람들보다는 우리를 고양시키고 영감을 주는 사람들로 자신을 둘러싸는 것을 의미한다. 그것은 또한 우리가 아끼는 사람들과 기꺼이 공개적이고 정직하게 소통하고 우리가 필요할 때 다른 사람들로부터 피드백과 지지를 구하는 것을 의미한다.

궁극적으로 부족한 것을 채워줄 수 있는 사람을 찾지 않는 것은 자신의 삶의 소유권을 가져가고 자신을 개선하기 위해 기꺼이 노력하는 것이다. 그것은 원하는 삶을 창조할 수 있는 힘이 있고 자신의 목표와 꿈을 이룰 수 있다는 것을 인식하는 것을 의미한다.

자신의 장점을 만들고 강한 자기 가치관을 기르는 데 집중함으로서 부족한 것을 채우기 위해 다른 사람에게 의존하지 않고도 삶에서 목적의식과 성취감은 언제나 만들 수 있다.

—

In our quest for purpose and meaning in life, it can be tempting to look for someone who can fill in what we lack. We may believe that if we find the right partner, friend, or mentor, they will be able to provide us with the support, guidance, or validation we need to be happy and fulfilled. However, this approach can be problematic, as it places the responsibility for our happiness and fulfillment on someone else, rather than ourselves.

So, what does it mean to not look for someone who can fill in what we lack? It means recognizing that we are responsible for our own happiness and fulfillment, and that we have the power to create the life we want. It means being willing to take ownership of our own strengths and weaknesses, and to work on improving ourselves rather than relying on others to fill in what we lack.

Not looking for someone who can fill in what we lack requires us to develop a sense of self-awareness and self-confidence. It means being honest with ourselves about our strengths and weaknesses, and being willing to work on improving ourselves in areas where we feel lacking. It also means being willing to take risks and try new things, even if they are outside our comfort zone.

One way to avoid looking for someone who can fill in what we lack is to focus on building a strong sense of self-worth and self-love. This means recognizing our own value and worth as individuals, and being willing to treat ourselves with kindness and compassion. It also means being willing to set boundaries with others, and to prioritize our own needs and desires.

Another way to avoid looking for someone who can fill in what we lack is to seek out supportive and positive relationships. This means surrounding ourselves with people who uplift and inspire us, rather than those who bring us down. It also means being willing to communicate openly and honestly with those we care about, and to seek out feedback and support from others when we need it.

Ultimately, not looking for someone who can fill in what we lack is about taking ownership of our own lives and being willing to work on improving ourselves. It means recognizing that we have the power to create the life we want, and that we are capable of achieving our own goals and dreams. By focusing on building our own strengths and developing a strong sense of self-worth, we can create a sense of purpose and fulfillment in our lives, without relying on others to fill in what we lack.

2 장

어떻게, 어느 선에서 만족할 것인가?

해당 일러스트는 책의 제목과 목차, 주제를 AI에게 전달하고 받은 표지 일러스트 시안입니다.

이 장에서는 달성하고자 하는 목표와 진행 상황에 만족하는 방법을 결정하는 데 도움이 되는 몇 가지 기술을 살펴본다.

첫째, 죽는 날까지 목표를 달성하고 다음 목표를 설정하는 일을 반복할 수 없다는 점을 이해해 나갈 것이다. 인간은 기계가 아니며 휴식을 취하고 휴식을 취하고 재충전을 원하는 것은 당연하다. 때문에 한 발 물러서서 자신의 우선순위, 목표, 목적을 재평가하는 일이 필요하다.

다음으로 인생에서 남기고 싶은 것이 무엇인지 생각해 볼 것을 권할 것이다. 여기가 가장 중요한 목적지다. 자신의 유산은 삶에서 축적하는 것뿐만 아니라 다른 사람들과 세상에 미치는 영향에도 존재한다. 그것은 기억과 경험, 자신이 만들어내는 관계, 그리고 긍정적인 변화에 관한 것이다.

뿌린 대로 거두는 진리의 힘을 역시 살펴 볼 것이다. 자신의 가치관, 신념, 원칙에 집중할 때 자신의 발전에 만족하고 삶에서 성취감을 느낄 가능성이 더 높다. 습관적으로 자신을 비교하고 인정하려는 욕구로 괴롭히지 말자. 비교는 기쁨의 도둑이며 비교의 덫에 걸려 자신의 발전에 불만을 느끼기 쉽다. 대신에 자신의 여행과 지금까지 성취한 것에 집중하라. 자신의 업적이 아무리 작아 보여도 인정하고 자신의 발전을 축하하라.

집중력을 믿으라. 자신이 하고 있는 일에 집중할 때 자신의 발전에 만족하고 성취감을 느낄 가능성이 더 높다. 이것은 한 번에 한 가지 일에 집중하고 산만함을 피하고 목표에 전념하는 것을 의미한다.

결국 오직 한 두 명의 진정한 친구나 멘토를 얻기로 결정했을 때 계속해서 목표를 달성하도록 도와줄 지원 네트워크를 가질 가능성이 더 높는 것이다. 좋은 친구나 멘토는 여러분이 가장 필요로 할 때 지도, 지원, 격려를 제공할 수 있기 때문이다. 자신이 남기고 싶은 것에 집중하고 진실의 힘을 믿고 비교를 피하고 집중력에 집중하고 진정한 친구나 멘토를 얻음으로써 자신이 만족하는 선을 찾고 목적과 의미를 가지고 목표를 달성할 수 있을 것이다.

In this chapter, we will explore several techniques that can help you determine what you want to achieve and how to stay satisfied with your progress.

First, it's important to understand that you cannot repeat the task of achieving your goal and setting your next goal until the day you die. Humans are not machines, and it's natural to want to take breaks, rest, and recharge. It's okay to take a step back and reevaluate your priorities, goals, and purpose.

Next, think about what you want to leave behind in your life. This is the most important destination. Your legacy is not just about what you accumulate in life, but about the impact you make on others and the world. It's about the memories and experiences you create, the relationships you build, and the positive change you bring about.

Believe in the power of truth to reap what you sow. When you focus on your values, beliefs, and principles, you are more likely to be satisfied with your progress and feel a sense of fulfillment in your life.

Avoid habitually bothering yourself with comparison and the desire to acknowledge. Comparison is the thief of joy, and it's easy to get caught up in the comparison trap and feel unsatisfied with your progress. Instead, focus on your own journey and what you have accomplished so far. Acknowledge your achievements, no matter how small they may seem, and celebrate your progress.

Believe in concentration. When you concentrate on what you are doing, you are more likely to be satisfied with your progress and feel a sense of accomplishment. This means focusing on one task at a time, avoiding distractions, and committing to your goal.

Finally, when you decide to acquire only one or two true friends or mentors, you are more likely to have a supportive network that will help you stay on track and achieve your goals. A good friend or mentor can offer guidance, support, and encouragement when you need it most.

By focusing on what you want to leave behind, believing in the power of truth, avoiding comparison, focusing on concentration, and acquiring true friends or mentors, you will be able to find a line that you are satisfied with and achieve your goals with purpose and meaning.

9. 목표를 달성하고 또 다음 목표를 정하는 일을 죽는 날까지 반복할 수는 없다

인생에서 자신의 목적을 찾는 것은 지속적인 여행이며 목표를 달성하는 것은 그 과정의 중요한 부분이다. 하지만 목표를 세우고 성취하는 것이 기계적이고 반복적인 일이 될 수 없다. 기계는 같은 일을 반복적으로 수행할 수 있지만 인간은 다르다. 우리는 제한된 양의 에너지를 가지고 있고 동기와 우선순위는 시간이 지남에 따라 변한다.

사람들은 그들의 가치, 관심사, 포부에 부합하는 성취 가능하고 의미 있는 목표를 세울 필요가 있다. 목표는 또한 유연하고 적응력이 있어야 하며 개인이 더 많은 통찰력과 경험을 얻을 때 방향과 우선순위를 조정할 수 있어야 한다.

또한 목표를 달성하는 것 자체가 종점이 아니다. 그것은 삶의 보다 포괄적이고 성취감 있는 목적을 향한 한 걸음이다. 사람들은 삶에서 목적을 찾는 것이 역동적이고 진화하는 과정이며 규칙적인 자기 성찰과 자기 성찰, 그리고 진로 수정이 필요하다는 것을 인식해야 한다.

삶의 목적을 달성하기 위해서는 성취와 휴식의 균형을 유지해야 하며 목표와 함께 자신의 행복과 관계를 우선시해야 한다. 일과 개인 생활 사이의 건강한 균형은 에너지와 동기를 유지하고 소진을 피하고 목적 있는 삶을 향한 진보를 지속하기 위해 필수적이다.

때때로 개인들은 목표와 목적을 추구하는데 있어서 장애, 도전 또는 좌절에 직면할 수 있다. 이러한 과제는 학습, 성장 및 탄력성을 위한 기회가 될 수 있다. 이러한 장애물을 극복하고 목적 있는 삶을 향한 여정을 계속하기 위해 멘토, 동료 또는 정신 건강 전문가의 지원을 구할 수 있다.

개인은 삶의 목적이 목적지나 최종 산물이 아니라는 것을 이해해야 한다. 그것은 자기 발견, 성장, 그리고 사회에 대한 기여의 지속적인 과정이다. 개인들은 그들의 목적을 향한 여정을 받아들이고 그 과정을 즐기고 그 과정에서 얻은 작은 승리에 감사해야 한다.

요약하자면 삶의 목적을 찾는 것은 의미 있는 목표를 설정하고 달성하며 일과 개인의 삶의 균형을 유지하고 변화에 적응하고 지지를 구하고 여정을 포용해야 하는 역동적이고 진화한다. 사람들은 그들이 기계가 아니라는 것을 인식하고 그들의 목표와 함께 그들의 행복과 관계를 우선시해야 한다.

—

The pursuit of finding one's purpose in life is an ongoing journey, and achieving a goal is a significant part of that process. However, it's essential to understand that setting and achieving goals can't be a mechanical, repetitive task. While machines may perform the same task repeatedly, human beings are different; we have a limited amount of energy, and our motivation and priorities change over time.

People need to set achievable and meaningful goals that align with their values, interests, and aspirations. Goals should also be flexible and adaptable, allowing individuals to adjust their direction and priorities as they gain more insights and experiences.

Moreover, achieving a goal is not an endpoint in itself. It's a step towards a more comprehensive and fulfilling purpose in life. People must recognize that finding purpose in life is a dynamic and evolving process, and it requires regular self-reflection, introspection, and course correction.

To achieve the purpose of life, individuals must maintain a balance between achievement and rest, and they must prioritize their well-being and relationships along with their goals. A healthy balance between work and personal life is essential to maintain energy and motivation, avoid burnout, and sustain progress towards purposeful living.

At times, individuals may encounter obstacles, challenges, or setbacks in their pursuit of goals and purpose. These challenges can be opportunities for learning, growth, and resilience. People can seek support from mentors, peers, or mental health professionals to overcome these hurdles and continue their journey towards purposeful living.

Finally, individuals must understand that the purpose of life is not a destination or a final product. It's an ongoing process of self-discovery, growth, and contribution to society. Individuals must embrace the journey towards their purpose, enjoy the process, and appreciate the small victories along the way.

In summary, finding the purpose of life is a dynamic and evolving process that requires setting and achieving meaningful goals, maintaining a balance between work and personal life, adapting to changes, seeking support, and embracing the journey. People must recognize that they are not machines and prioritize their well-being and relationships along with their goals.

10. 당신의 인생에서 꼭 남기고 싶은 것들, 그것이 가장 중요한 목적지다

삶의 목적을 발견하는 것은 단지 목표를 세우고 그것들을 향해 노력하는 것 이상을 포함하는 복잡한 과정이다. 때때로 목적을 찾기 위해 혹은 더 이상 도움이 되지 않는 특정한 것들을 놓아주어야 한다. 이것은 부정적인 생각과 믿음에서부터 건강하지 못한 관계나 만족스럽지 못한 직업에 이르기까지 모든 것이 될 수 있다.

우리가 남기고 싶은 것을 파악하는 것은 자기 성찰과 정직함이다. 진정으로 가치 있게 여기는 것이 무엇인지, 기쁨과 성취감을 주는 것은 무엇인지, 스트레스와 불안의 원인은 무엇인지 자문해 보아야 한다. 앞으로 나아가기 위해 무엇을 놓아야 하는지 결정하기 위해 관계, 습관, 그리고 일상 생활을 조사할 필요가 있을지도 모른다.

남기고 싶은 것이 무엇인지를 확인했다면 그렇게 할 의도를 정할 필요가 있다. 이것은 도전적인 과정일 수 있고 자신이나 다른 사람들에 대한 불편한 진실을 마주해야 할 수도 있다. 하지만 그것은 목적을 찾기 위한 필수적인 단계다.

물건을 놓는 것이 항상 쉬운 것은 아니다. 시간과 노력이 필요할 수도 있고 도중에 차질이 생길 수도 있다. 하지만 그것은 더 만족스러운 삶을 향해 성장하고 나아갈 수 있게 해주기 때문에 가치 있는 여행이다.

어떤 경우에는 놓아주는 것은 독성 있는 관계를 끝내거나 더 이상 우리에게 기쁨을 주지 않는 직장을 떠나는 것과 같은 어려운 선택을 하는 것을 의미할 수도 있다. 그러나 외부의 기대나 의무보다 자신의 행복과 행복을 우선시하는 것은 필수적이다.

더 이상 자신에게 도움이 되지 않는 것을 버리면서 우리는 새로운 경험, 관계, 그리고 삶에 들어올 기회를 위한 공간을 만들 수 있다. 진정으로 자신에게 중요한 것에 초점을 맞추고 목표와 행동을 자신의 가치와 열정에 맞출 수 있다.

결론적으로 삶에서 목적을 찾는 것은 종종 더 이상 도움이 되지 않는 것을 포기하는 것을 포함한다. 이것은 부정적인 생각과 믿음, 건강하지 못한 관계, 또는 만족스럽지 못한 직업일 수 있다. 하지만 앞으로 나아가기 위해서는 자기반성과 정직함, 그리고 의도 설정이 필요하다. 비록 그것이 도전적일 수 있지만 놓아주는 것은 우리의 삶에 새로운 경험, 관계, 그리고 기회를 위한 공간을 만들어 더 성취감 있고 목적 있는 존재를 찾도록 도와줄 것이다.

—

Discovering one's purpose in life is a complex process that often involves more than just setting goals and striving towards them. Sometimes, to find our purpose, we must also let go of certain things that no longer serve us. This could be anything from negative thoughts and beliefs to unhealthy relationships or unfulfilling jobs.

Identifying what we want to leave behind requires self-reflection and honesty. We must ask ourselves what we truly value, what brings us joy and fulfillment, and what causes us stress and anxiety. We may need to examine our relationships, habits, and daily routines to determine what we need to let go of to move forward.

Once we have identified what we want to leave behind, we need to set the intention to do so. This can be a challenging process, and it may require us to face uncomfortable truths about ourselves or others. But it is a necessary step towards finding our purpose.

It's important to remember that letting go of things is not always easy. It may take time and effort, and there may be setbacks along the way. But it is a journey that is worth taking, as it allows us to grow and move towards a more fulfilling life.

In some cases, letting go may mean making difficult choices, such as ending a toxic relationship or leaving a job that no longer brings us joy. But it's essential to prioritize our own well-being and happiness over external expectations or obligations.

As we let go of what no longer serves us, we create space for new experiences, relationships, and opportunities to come into our lives. We can focus on what truly matters to us and align our goals and actions with our values and passions.

In conclusion, finding our purpose in life often involves letting go of what no longer serves us. This could be negative thoughts and beliefs, unhealthy relationships, or unfulfilling jobs. It requires self-reflection, honesty, and setting intentions to move forward. Although it may be challenging, letting go creates space for new experiences, relationships, and opportunities to come into our lives, helping us find a more fulfilling and purposeful existence.

11. '뿌린 대로 거둔다'라는 진리의 힘을 믿을 때

'뿌린 대로 거둔다'는 진리의 힘에 대한 믿음은 많은 영적, 철학적 전통에서 근본적인 원칙이다. 그것은 선택과 취하는 행동이 자신의 미래를 결정하는 결과를 가지고 있음을 시사한다. 다시 말해, 생각과 말과 행동이 운명을 형성한다.

이 원칙은 자신이 상황의 희생자가 아니라 자신의 현실의 창조자임을 상기시킨다. 우리는 생각과 행동을 선택할 수 있는 힘이 있고 이러한 선택들은 우리 삶의 궤적을 형성한다. 만약 우리가 긍정적인 행동과 생각을 뿌린다면 긍정적인 결과를 얻을 가능성이 높은 반면, 부정적인 행동과 생각은 부정적인 결과를 초래할 수 있다.

이 원칙의 힘은 개인의 책임과 책임을 증진시킨다는 사실에 있다. 우리의 문제에 대해 다른 사람들이나 외부 환경을 탓하는 대신, 우리의 선택과 그들의 결과에 대한 소유권을 가져야 한다. 그렇게 함으로 우리는 삶에 대한 대리인 의식과 통제력을 얻게 되고 그것은 힘을 주고 해방시킬 수 있다.

'뿌린 대로 거둔다'는 힘을 믿는 것도 자기인식과 마음챙김이 필요하다. 자신의 생각, 감정, 행동, 그리고 그것들이 나 자신과 다른 사람들에게 어떻게 영향을 미치는지도 알 필요가 있다. 이러한 인식은 우리가 더 나은 선택을 하고 더 많은 의도와 목적을 가지고 행동하도록 도울 수 있다.

게다가, 이 원리는 우리에게 만물의 상호 연결성을 상기시킨다. 우리의 행동과 선택은 진공 상태에서 존재하는 것이 아니라 다른 사람들과 우리 주변의 세상에 영향을 미칠 수 있는 파급 효과를 가지고 있다. 그러므로 자신의 선택의 더 넓은 의미를 고려해야 하고 자신뿐만 아니라 주변 사람들에게도 이익이 되는 방식으로 행동해야 한다.

'뿌린 대로 거둔다'는 진리의 힘에 대한 믿음은 우리의 삶을 형성하는 데 있어 인생의 책임을 일깨워주는 강력한 원칙이다. 때문에 모든 사물의 상호 연결성을 인식하면서 자기 인식을 함양하고 의도와 목적을 가지고 행동할 것을 요구한다. 그렇게 함으로 우리는 더 충실하고 목적적인 존재를 만들 수 있고,더 긍정적인 세상에 기여할 수 있기 때문이다.

—

The belief in the power of truth that "I reap what I sow" is a fundamental principle in many spiritual and philosophical traditions. It suggests that the choices we make and the actions we take have consequences that determine our future. In other words, our thoughts, words, and deeds shape our destiny.

This principle reminds us that we are not victims of circumstance, but rather creators of our own reality. We have the power to choose our thoughts and actions, and these choices shape the trajectory of our lives. If we sow positive actions and thoughts, we are more likely to reap positive outcomes, while negative actions and thoughts may lead to negative consequences.

The power of this principle lies in the fact that it promotes personal responsibility and accountability. Instead of blaming others or external circumstances for our problems, we must take ownership of our choices and their consequences. By doing so, we gain a sense of agency and control over our lives, which can be empowering and liberating.

Believing in the power of "I reap what I sow" also requires us to cultivate self-awareness and mindfulness. We must be aware of our thoughts, feelings, and behaviors, and how they impact ourselves and others. This awareness can help us make better choices and act with more intention and purpose.

Furthermore, this principle reminds us of the interconnectedness of all things. Our actions and choices do not exist in a vacuum, but rather have ripple effects that can impact others and the world around us. Therefore, we must consider the wider implications of our choices and act in ways that benefit not only ourselves but also those around us.

In conclusion, the belief in the power of truth that "I reap what I sow" is a powerful principle that reminds us of our agency and responsibility in shaping our lives. It requires us to cultivate self-awareness and act with intention and purpose, recognizing the interconnectedness of all things. By doing so, we can create a more fulfilling and purposeful existence, and contribute to a more positive world.

12. 비교와 인정욕구로 더 이상 습관적으로 자신을 괴롭히지 말 것

현대사회에서는 자신을 다른 사람들과 비교하고 외부의 인정이나 승인을 구하는 함정에 빠지기 쉽다. 그러나 이것은 목적과 성취를 추구하는 데 있어 주요한 장애물이 될 수 있다. 그것은 부적절한 감정, 질투심, 그리고 자신과 다른 사람들과의 단절감으로 이어질 수 있다.

이러한 함정을 피하기 위해서는 자기 수용과 자기 연민의 사고방식을 길러야 한다. 우리는 자신의 강점, 약점, 삶의 길을 가진 독특한 개인이라는 것을 인식해야 한다. 우리 자신을 다른 사람들과 비교하는 것은 우리 자신에게 불공평할 뿐만 아니라, 결코 진정으로 다른 사람들의 투쟁, 도전, 경험을 알 수 없기 때문에 허무에 대한 연습이기도 하다.

게다가 다른 사람들로부터 인정이나 승인을 구하는 것은 검증 추구의 끝없는 순환으로 이어지는 악순환이 될 수 있다. 칭찬이나 인정을 받을 때 일시적인 만족감을 느낄 수도 있지만 그것은 종종 단기간이며 계속해서 더 많은 것을 찾는 자신을 발견할 수도 있다.

이 순환에서 벗어나기 위해서는 외부 검증과 관계없이 자신을 있는 그대로의 가치로 평가하는 법을 배워야 한다. 다른 사람들로부터 타당성을 찾기보다는 우리 자신의 성취와 진보에서 기쁨과 성취감을 찾아야 한다.

이것은 우리 자신을 다른 사람들과 비교하는 것보다 자신의 성장에 집중하는 것을 배우는 사고방식의 변화를 필요로 한다. 또한 위협을 느끼거나 불충분하다고 느끼지 않고 다른 사람들의 독특한 자질과 장점을 인정하는 법을 배워야 한다.

삶에서 목적의식을 기르는 것은 자신을 다른 사람들과 비교하는 것보다 자신의 가치, 열정, 그리고 목표를 맞추는 것을 포함한다. 진정으로 중요한 것에 집중함으로 우리는 우리의 삶에서 방향감과 의미를 만들 수 있다.

결론적으로 자신을 다른 사람들과 비교하고 외부로부터 인정이나 승인을 구하는 습관을 피하는 것이 중요하다. 삶의 목적과 성취감을 찾기 위해서는 자기 수용과 자기 연민의 사고방식을 길러야 하며 자신의 성장과 진보에 집중해야 한다. 우리의 가치와 열정, 목표를 일치시킴으로 외부의 검증에 의존하지 않는 삶의 방향과 의미를 만들 수 있다.

—

In our modern world, it's easy to fall into the trap of comparing ourselves to others and seeking recognition or approval from external sources. However, this can be a major obstacle in our search for purpose and fulfillment. It can lead to feelings of inadequacy, jealousy, and a sense of disconnection from ourselves and others.

To avoid this trap, we must cultivate a mindset of self-acceptance and self-compassion. We must recognize that we are unique individuals with our own strengths, weaknesses, and path in life. Comparing ourselves to others is not only unfair to ourselves, but it's also an exercise in futility, as we can never truly know the struggles, challenges, and experiences of others.

Furthermore, seeking recognition or approval from others

can be a slippery slope that leads to a never-ending cycle of validation seeking. We may feel temporary satisfaction when we receive praise or recognition, but it's often short-lived, and we may find ourselves continually seeking more.

To break free from this cycle, we must learn to value ourselves for who we are, regardless of external validation. We must find joy and fulfillment in our own accomplishments and progress, rather than seeking validation from others.

This requires a shift in mindset, where we learn to focus on our own growth, rather than comparing ourselves to others. We must also learn to appreciate the unique qualities and strengths of others, without feeling threatened or inadequate.

Moreover, cultivating a sense of purpose in life involves aligning our values, passions, and goals, rather than comparing ourselves to others. By focusing on what truly matters to us, we can create a sense of direction and meaning in our lives.

In conclusion, it's important to avoid the habit of comparing ourselves to others and seeking recognition or approval from external sources. To find purpose and fulfillment in life, we must cultivate a mindset of self-acceptance, self-compassion, and focus on our own growth and progress. By aligning our values, passions, and goals, we can create a sense of direction and meaning in our lives that is not dependent on external validation.

13. 집중의 힘을 믿어라

집중력의 힘을 믿는 것은 삶의 목적과 성취감을 찾는 데 중요한 요소다. 집중력은 외부 또는 내부 자극에 의해 산만해지지 않고 특정한 작업이나 대상에 주의를 집중할 수 있는 능력이다. 그것은 목표를 달성할 수 있게 해주는 기본적인 기술이며 개인적이고 직업적인 성공을 위해 필수적이다.

집중력의 힘은 당면한 과제에 완전히 몰입하고 시간에 대한 감각과 자기 인식이 떨어지는 흐름 상태를 달성할 수 있도록 도와주는 능력에 있다. 이러한 흐름 상태는 최대 성능을 달성하는 데 필수적이며 이를 통해 잠재력을 최대한 활용할 수 있다.

집중력은 또한 과목이나 기술에 대한 더 깊은 수준의 이해와 숙달을 발전시킬 수 있게 해준다. 주의를 집중함으로 우리는 정보를 더 효과적으로 흡수하고 패턴과 연결을 식별하고 새로운 통찰력과 아이디어를 개발할 수 있다.

집중력의 힘을 믿는 것은 우리의 일상 생활에 대한 의식적이고 의도적인 접근을 배양할 필요가 있다. 우리는 우리의 내적, 외적인 산만함을 인식하고 그것들을 효과적으로 관리하는 법을 배워야 한다. 이것은 명상, 마음챙김 또는 다른 형태의 정신 훈련과 같은 기술을 포함할 수 있다. 목표에 우선순위를 두고 우리의 목적에 도움이 되지 않는 산만함을 제거하는 법을 터득하는 것도 중요하다. 이것은 특정 활동을 거부하거나, 다른 사람들과 경계를 설정하거나 기술과 소셜 미디어에 대한 노출을 줄이는 것을 의미할 수 있다.

집중력은 또한 우리가 도전과 장애물을 배움과 성장의 기회로 보는 성장 사고방식을 배양할 것을 요구한다. 어려움에 부딪혔을 때 낙담하거나 포기하기보다는 집중력과 집중력을 발휘해 극복하고 회복력을 길러야 한다.

결론적으로 집중력의 힘을 믿는 것은 삶의 목적과 성취감을 찾는 근본적인 요소이다. 주의를 집중하고 산만함을 관리하는 능력을 개발함으로써 흐름 상태를 달성하고 기술과 과목에 대한 이해와 숙달을 심화하며 복원력으로 장애물을 극복할 수 있다. 우리의 일상 생활에 대한 사려 깊고 의도적인 접근을 배양하고 우리의 목표를 우선시하는 것은 집중력을 개발하고 우리의 잠재력을 최대한 발휘하기 위해 필수적이다.

—

Believing in the power of concentration is a crucial component of finding purpose and fulfillment in life. Concentration is the ability to focus one's attention on a specific task or object, without being distracted by external or internal stimuli. It is a fundamental skill that allows us to achieve our goals, and it is essential for personal and professional success.

The power of concentration lies in its ability to help us achieve a state of flow, where we are fully immersed in the task at hand, and our sense of time and self-awareness is diminished. This state of flow is essential for achieving peak performance, and it allows us to tap into our full potential.

Concentration also enables us to develop deeper levels of

understanding and mastery of a subject or skill. By focusing our attention, we can absorb information more effectively, identify patterns and connections, and develop new insights and ideas.

Believing in the power of concentration requires us to cultivate a mindful and intentional approach to our daily lives. We must be aware of our internal and external distractions and learn to manage them effectively. This may involve techniques such as meditation, mindfulness, or other forms of mental training.

Moreover, we must learn to prioritize our goals and eliminate distractions that do not serve our purpose. This may mean saying no to certain activities, setting boundaries with others, or reducing our exposure to technology and social media.

The power of concentration also requires us to cultivate a growth mindset, where we view challenges and obstacles as opportunities for learning and growth. Rather than becoming discouraged or giving up when we encounter difficulties, we must use our concentration and focus to overcome them and develop resilience.

In conclusion, believing in the power of concentration is a fundamental component of finding purpose and fulfillment in life. By developing the ability to focus our attention and manage distractions, we can achieve a state of flow, deepen our understanding and mastery of skills and subjects, and overcome obstacles with resilience. Cultivating a mindful and intentional approach to our daily lives and prioritizing our goals is essential for developing the power of concentration and unlocking our full potential

14. 단 한 명, 혹은 두 명의 진실한 친구 혹은 멘토를 얻기로 결심할 때

다른 사람들과 강한 관계를 맺는 것은 삶의 목적과 성취감을 찾는 근본적인 요소다. 하지만 모든 관계가 우리 삶에 미치는 영향 측면에서 동등한 것은 아니라는 것을 인식하는 것이 중요합니다. 사실 너무 많은 관계를 갖는 것은 압도적일 수 있고 우리가 진정으로 필요로 하는 연결의 깊이와 질을 제공하지 못할 수도 있다.

그러므로 우리에게 필요한 지원, 지도, 이해를 제공해 줄 수 있는 진정한 친구나 멘토를 한 두 명만 얻도록 결정하는 것은 필수적이다. 이 사람들은 믿고 존경하고 존경하며 가치, 열정, 목표를 공유하는 사람들이어야 한다.

가까운 친구나 멘토의 작은 그룹을 갖는 것은 영감과 동기부여의 원천뿐만 아니라 공동체와 소속감을 우리에게 제공할 수 있다. 그들은 삶의 도전을 탐색하고 피드백과 조언을 제공하고 성공과 이정표를 축하하는 데 도움을 줄 수 있다.

하지만 이러한 사람들을 선택하는 것을 가볍게 여겨서는 안 된다. 우리는 우리의 선택에 있어서 의도적이고 사려 깊어야 하며 가치와 목표에 맞는 사람들을 선택해야 한다. 여기에는 사람들을 알아가고 관계를 구축하고 연결의 품질을 평가하는 데 시간을 할애하는 것이 포함될 수 있다.

우리는 우리 관계의 질이 양보다 더 중요하다는 것을 인식해야 한다. 많은 지인이나 피상적인 인맥을 갖는 것은 진정으로 필요로 하는 인맥과 지원의 깊이를 제공하지 못할 수도 있다. 그러므로 소수의 선택된 사람들과 의미 있고 진정한 관계를 구축하는 데 시간과 에너지를 투자하는 것이 필수적이다.

마지막으로 한두 명의 친한 친구나 멘토가 있다는 것은 다른 사람들로부터 우리 자신을 고립시켜야 한다는 것을 의미하지 않는다. 타인에 대한 개방감과 호기심을 유지하고 필요에 따라 새로운 관계와 인맥을 기꺼이 배양하는 것이 중요하다. 하지만 가까운 친구들이나 멘토들의 작은 그룹을 갖는 것은 삶의 도전을 헤쳐나가고 삶의 목적을 찾는 데 필요한 기반과 지원을 제공할 수 있다.

결론적으로 한두 명의 진정한 친구나 멘토를 얻기로 결정하는 것은 삶에서 목적과 성취감을 찾는 데 필요한 연결의 깊이와 질을 제공할 수 있다. 그것은 의도적이고 사려 깊은 선택뿐만 아니라 의미 있는 관계를 구축하는 데 시간과 에너지를 투자하려는 의지를 필요로 한다. 가까운 친구나 멘토의 작은 그룹을 갖는 것은 우리에게 공동체 의식, 지원, 영감을 줄 수 있고, 회복력과 결단력으로 삶의 도전을 헤쳐나가는데 도움을 줄 수 있다.

—

Having strong relationships with others is a fundamental component of finding purpose and fulfillment in life. However, it's important to recognize that not all relationships are equal in terms of their impact on our lives. In fact, having too many relationships can be overwhelming and may not provide the depth and quality of connection that we truly need.

Therefore, it's essential to decide to get only one or two true friends or mentors who can provide us with the support, guidance, and understanding that we need. These individuals should be people we trust, respect, and admire, and who share our values, passions, and goals.

Having a small group of close friends or mentors can provide us with a sense of community and belonging, as well as a source of inspiration and motivation. They can help us navigate life's challenges, provide feedback and advice, and celebrate our successes and milestones.

However, choosing these individuals should not be taken lightly. We must be intentional and thoughtful in our selection, and choose individuals who are aligned with our values and goals. This may involve taking the time to get to know people, building rapport, and evaluating the quality of the connection.

Moreover, we must recognize that the quality of our relationships is more important than the quantity. Having many acquaintances or superficial connections may not provide the depth of connection and support that we truly need. Therefore, it's essential to invest time and energy in building meaningful and authentic relationships with a few select individuals.

Finally, having one or two close friends or mentors does not mean that we should isolate ourselves from others. It's important to maintain a sense of openness and curiosity towards others, and to be willing to cultivate new relationships and connections as needed. However, having a small group of close friends or mentors can provide us with the foundation and support that we need to navigate life's challenges and find our purpose in life.

In conclusion, deciding to get only one or two true friends or mentors can provide us with the depth and quality of connection that we need to find purpose and fulfillment in life. It requires intentional and thoughtful selection, as well as a willingness to invest time and energy in building meaningful relationships. Having a small group of close friends or mentors can provide us with a sense of community, support, and inspiration, and can help us navigate life's challenges with resilience and determination.

15. 모르는 것을 모른다고, 아는 것을 안다고 답할 수 있는 통찰

알고 있는 것과 모르는 것을 인식하는 능력은 삶에서 목적을 찾고 성취하는 데 필수적인 요소이다. 그것은 배우고 성장하려는 의지뿐만 아니라 자기 인식과 겸손의 수준을 요구한다.

우리가 답을 가지고 있지 않을 때 "나는 모른다"라고 말하는 것은 정직함과 취약함의 강력한 형태이다. 그것은 우리가 잘못이 없다는 것을 인정하고, 항상 성장과 발전의 여지가 있다는 것을 인정한다. 그것은 또한 새로운 정보와 관점을 찾을 때 학습과 발견의 기회를 제공한다.

반면에 아는 것을 인정하는 것 또한 중요합니다. 그것은 우리의 강점, 기술, 전문성을 인식하고 이것들을 활용하여 목표를 달성하고 우리 주변의 세상에 기여할 수 있게 해준다. 알고 있는 것과 모르는 것을 인식하는 능력은 도전과 장애물을 학습과 발전의 기회로 보는 성장 사고방식을 배양할 것을 요구한다. 기꺼이 질문하고, 새로운 정보와 관점을 찾고 답이 없을 때 인정해야 한다.

게다가, 모르는 것들이 있을지도 모른다는 것을 인식하는 것이 중요하다. 알지도 못하는 지식과 이해의 맹점이나 괴리가 있을 수 있다는 얘기다. 이를 인식하기 위해서는 피드백과 새로운 경험에 대한 겸손과 개방성의 수준이 필요하다.

이러한 사각지대를 극복하기 위해서는 다양한 관점과 의견을 찾고 우리 자신의 가정과 신념에 도전하며 피드백과 건설적인 비판에 열려 있어야 한다. 이것은 멘토를 찾고 다른 배경과 관점을 가진 사람들과 참여하고 우리 자신을 새로운 경험과 도전에 노출시키는 것을 포함할 수 있다.

알고 있는 것과 모르는 것에 대한 통찰력을 갖는 것은 삶의 목적과 성취감을 찾는 데 중요한 요소이다. 그것은 겸손과 정직, 그리고 배우고 성장하려는 의지를 필요로 한다. 모르는 것을 인정함으로 새로운 정보와 관점을 찾고, 새로운 기술과 전문 지식을 개발할 수 있다. 알고 있는 것을 인식함으로서는 강점과 기술을 활용하여 목표를 달성하고 주변의 세상에 기여할 수 있다. 마지막으로 알지 못하는 것들이 있을 수 있다는 것을 인정함으로 성장 사고방식을 배양하고 새로운 경험과 관점에 개방될 수 있다.

—

The ability to recognize what we know and what we don't know is an essential component of finding purpose and fulfillment in life. It requires a level of self-awareness and humility, as well as a willingness to learn and grow.

Saying "I don't know" when we don't have the answer is a powerful form of honesty and vulnerability. It acknowledges that we are not infallible, and that there is always room for growth and development. It also provides an opportunity for learning and discovery, as we seek out new information and perspectives.

On the other hand, acknowledging what we do know is also important. It allows us to recognize our strengths, skills, and expertise, and to leverage these to achieve our goals and contribute to the world around us.

The ability to recognize what we know and what we don't know requires us to cultivate a growth mindset, where we view challenges and obstacles as opportunities for learning and development. We must be willing to ask questions, seek out new information and perspectives, and admit when we don't have the answer.

Moreover, it's important to recognize that there may be things we don't know that we don't know. In other words, there may be blind spots or gaps in our knowledge and understanding that we are not even aware of. Recognizing this requires a level of humility and openness to feedback and new experiences.

In order to overcome these blind spots, we must be willing to seek out diverse perspectives and opinions, challenge our own assumptions and beliefs, and be open to feedback and constructive criticism. This may involve seeking out mentors, engaging with people from different backgrounds and perspectives, and exposing ourselves to new experiences and challenges.

having insight into what we know and what we don't know is a crucial component of finding purpose and fulfillment in life. It requires humility, honesty, and a willingness to learn and grow. By acknowledging what we don't know, we can seek out new information and perspectives, and develop new skills and expertise. By recognizing what we do know, we can leverage our strengths and skills to achieve our goals and contribute to the world around us. Finally, by acknowledging that there may be things we don't know that we don't know, we can cultivate a growth mindset and be open to new experiences and perspectives.

16. 배우는 법을 배우라

배움은 삶의 목적과 성취감을 찾는 데 필수적인 요소다. 그것은 새로운 기술, 지식, 관점을 개발하고 주변의 세계에 대한 이해를 넓힐 수 있게 해준다. 하지만 배움의 힘을 진정으로 활용하기 위해서는 먼저 배우는 방법을 배워야 한다.

학습 방법을 배우는 것은 새로운 정보를 효과적으로 획득하고 유지할 수 있도록 해주는 일련의 기술과 전략을 개발하는 것을 포함한다. 이러한 기술에는 필기, 기억 유지 및 시간 관리를 위한 기술뿐만 아니라 비판적 사고, 문제 해결, 창의력, 의사소통이 포함된다.

이러한 기술을 개발하는 것 외에도 도전과 장애물을 학습과 개발의 기회로 보는 성장 사고방식을 길러야 한다. 이를 위해서는 새로운 경험과 관점에 개방적이어야 하고 호기심과 열정으로 학습에 접근해야 한다.

거기에 학습이 만능의 접근법이 아니라는 것의 인식이 중요하다. 다른 사람들은 다른 학습 스타일을 가지고 있고 한 사람에게 효과가 있는 것은 다른 사람에게 효과가 없을 수도 있다. 그러므로 기꺼이 다른 기술과 전략을 실험하고, 필요에 따라 기꺼이 적응하고 조정해야 한다.

학습을 위한 효과적인 전략에는 복잡한 정보를 더 작고 관리하기 쉬운 덩어리로 분해하고 정보를 유지하는 데 도움이 되는 기억 기술을 사용하고 이해를 깊게 하기 위해 다양한 관점과 의견을 찾는 것이 포함된다.

또한 학습은 일회성 이벤트가 아니라 지속적인 과정이라는 것을 인식해야 한다. 학습의 힘을 진정으로 활용하기 위해서는 평생 학습과 개인 개발에 대한 전념과 호기심, 새로운 것을 시도하려는 의지, 지속적인 성장과 발전에 대한 헌신이 필요하다.

그러므로 배움은 삶에서 목적과 성취를 찾는 근본적인 요소이다. 학습 방법을 배우는 것은 새로운 정보를 효과적으로 습득하고 유지할 수 있게 해주는 일련의 기술과 전략을 개발하는 것뿐만 아니라 평생 학습에 대한 성장 사고방식과 헌신을 배양하는 것을 포함한다. 호기심과 열정으로 학습에 접근하고 기꺼이 다른 기법과 전략으로 실험함으로 우리 주변의 세계에 대한 이해를 넓히고 새로운 기술과 지식을 개발하며 삶에서 더 깊은 목적과 의미를 찾을 수 있다.

—

Learning is an essential component of finding purpose and fulfillment in life. It allows us to develop new skills, knowledge, and perspectives, and to expand our understanding of the world around us. However, in order to truly harness the power of learning, we must first learn how to learn.

Learning how to learn involves developing a set of skills and strategies that enable us to acquire and retain new information effectively. These skills include critical thinking, problem-solving, creativity, and communication, as well as techniques for note-taking, memory retention, and time management.

In addition to developing these skills, we must also cultivate a growth mindset, where we view challenges and obstacles as opportunities for learning and development. This requires us to be open to new experiences and perspectives, and to approach learning with curiosity and enthusiasm.

Moreover, it's important to recognize that learning is not a one-size-fits-all approach. Different people have different learning styles, and what works for one person may not work for another. Therefore, we must be willing to experiment with different techniques and strategies, and be willing to adapt and adjust as needed.

Some effective strategies for learning include breaking down complex information into smaller, more manageable chunks, using mnemonics and other memory techniques to help retain information, and seeking out diverse perspectives and opinions to deepen our understanding.

It's also important to recognize that learning is not a one-time event, but rather a continuous process. In order to truly harness the power of learning, we must be committed to lifelong learning and personal development. This requires a sense of curiosity, a willingness to try new things, and a commitment to ongoing growth and development.

In conclusion, learning is a fundamental component of finding purpose and fulfillment in life. Learning how to learn involves developing a set of skills and strategies that enable us to acquire and retain new information effectively, as well as cultivating a growth mindset and commitment to lifelong learning. By approaching learning with curiosity and enthusiasm, and being willing to experiment with different techniques and strategies, we can expand our understanding of the world around us, develop new skills and knowledge, and find deeper purpose and meaning in our live

3 장

하루를 행복하게 채우라

해당 일러스트는 책의 제목과 목차, 주제를 AI에게 전달하고 받은 표지 일러스트 시안입니다.

3장은 하루를 행복으로 채우는 생각에 초점을 맞춘다. 행복이 충실한 삶의 결정적인 요소이며 시간을 보내는 방식이 전반적인 행복에 결정적인 역할을 한다는 것은 비밀이 아니다. 이 장에서는 독자들이 일상생활에서 더 큰 행복을 얻는 데 도움이 될 몇 가지 주제를 탐구한다.

탐구의 첫 번째 주제는 어제가 개인에게 가장 큰 영향을 미친다는 생각이다. 이것은 과거 경험이 오늘날 우리의 모습을 형성하고, 그것들이 우리의 전반적인 행복 수준에 영향을 미칠 수 있기 때문에 중요한 개념이다.

만약 과거에 부정적인 경험을 했다면 긍정적인 인생관을 유지하는 것은 어려울 수 있다. 하지만 현재와 미래에 초점을 맞추고 자신의 발목을 잡고 있을지도 모르는 부정적인 경험을 버리는 일을 하는 것은 필수적이다.

생각해 볼 점은 아침 일과가 하루 전체에 미치는 영향이다. 우리가 하루를 어떻게 시작하는지가 하루의 나머지의 분위기를 결정할 수 있기 때문이다. 운동, 명상 또는 일기를 포함하는 긍정적인 아침 일과는 스트레스와 불안을 줄이고 행복하고 생산적인 하루를 위한 무대를 마련하는 데 도움이 될 수 있다.

또 다른 필수적인 주제는 다른 사람들에게 피해를 주지 않는 한, 한 자신의 행복에 집중하고 그것을 우선시하는 것의 중요성이다. 의외로 많은 사람이 가까운 사람과의 관계에서 싫거나 하고 싶지 않은 일을 우선 하는 경향이 있다. 자신의 필요보다 다른 사람의 필요를 더 우선시 하는 패턴이 생기는 것이다. 하지만 자신의 행복을 우선시할 때 자신을 더 잘 돌볼 수 있고 그 결과 다른 사람들을 위해 더 많이 존재할 수 있다.

어떤 것의 부족이 패턴, 성향, 추구, 행동의 목적을 만든다. 삶에서 무언가 부족할 때 그것을 추구하는 것에 대한 행동 패턴이나 성향을 발달시켜 목적의식으로 이어질 수 있음을 시사한다. 이것은 그들의 삶에서 목적과 행복을 찾는 사람들에게 강력한 동기부여가 될 수 있다.

가장 행복한 시간이 지금이다. 많은 사람들이 과거나 미래에 살고 있기 때문에 후회, 불안, 불확실성의 감정으로 이어질 수 있다. 현재의 순간에 집중하고 삶의 단순한 것들에서 즐거움을 찾음으로 더 충실하고 행복하게 살 수 있다. 당신은 아마도 거의 모든 경우에 당신의 상상력 덩어리가 있을 것이라는 생각을 할 것이다. 원하는 것을 상상하고 목표를 설정해 기쁨과 만족을 가져다 주는 만족스러운 삶을 만들어 가기 바란다.

3장에서 다룰 여러 주제들을 통해 하루를 행복으로 채울 수 있는 귀중한 통찰력과 실용적인 조언을 발견하고 일상에서 더 큰 목적과 즐거움을 찾을 수 있기를 바란다.

Chapter 3 focuses on the idea of filling one's day with happiness. It is no secret that happiness is a crucial element of a fulfilling life, and the way we spend our time plays a critical role in our overall happiness. In this chapter, you explore several topics that will help readers achieve greater happiness in their daily lives.

The first topic you explore is the idea that yesterday has the greatest impact on the individual. This is an important concept because our past experiences shape who we are today, and they can affect our overall level of happiness. If we have had negative experiences in the past, it can be challenging to maintain a positive outlook on life. However, it is essential to focus on the present and future and work to let go of negative experiences that may be holding us back.

The next topic you address is the idea that a morning routine determines the whole day. This is an important concept because how we start our day can set the tone for the rest of the day. A positive morning routine that includes exercise, meditation, or journaling can help to reduce stress and anxiety and set the stage for a happy and productive day.

Another essential topic you cover is the importance of focusing on one's happiness and putting it first, as long as it does not harm others. This is a critical concept because many people prioritize the needs of others over their own, leading to feelings of burnout and unhappiness. By prioritizing our own happiness, we can take better care of ourselves and, in turn, be more present for others.

The idea that a lack of something makes a pattern, inclination, pursuit, and purpose of action is another essential topic you address. This concept suggests that when we lack something in our lives, we may develop a pattern of behavior or inclination towards pursuing that thing, leading to a sense of purpose. This can be a powerful motivator for people looking to find purpose and happiness in their lives.

Another key topic you explore is the idea that the happiest time is now. This is an essential concept because many people live in the past or future, which can lead to feelings of regret, anxiety, or uncertainty. By focusing on the present moment and finding joy in the simple things in life, we can live more fully and happily. You address the idea that there is probably a lump of your imagination in almost every case. By imagining what we want and setting goals, we can work towards creating a fulfilling life that brings us joy and satisfaction.

Chapter 3 offers valuable insights and practical tips for filling one's day with happiness. By focusing on the topics outlined in this chapter, readers can work towards finding greater purpose and joy in their daily lives.

17. 어제는 개인에게 가장 큰 영향을 미친다

삶의 목적을 찾기 위한 탐구에서 과거 경험들이 현재와 미래를 어떻게 형성하는지 이해하기 위해 과거 경험들을 보는 것은 필수다. 어제가 개인에게 가장 큰 영향을 미친다는 생각은 우리의 과거 경험이 우리가 누구인지에 깊은 영향을 미친다는 생각을 말해준다.

과거 경험은 긍정적일 수도 있고 부정적일 수도 있다. 긍정적인 경험은 우리에게 미래에 대한 자신감과 희망을 줄 수 있는 반면, 부정적인 경험은 두려움, 불안, 불확실성을 만들 수 있다. 많은 경우, 부정적인 경험들은 치유하는 데 시간이 걸리는 지속적인 상처를 남길 수 있기 때문에 긍정적인 경험들보다 우리의 삶에 더 큰 영향을 미칠 수 있다.

우리의 과거 경험이 항상 전적으로 우리가 통제할 수 있는 것은 아니다. 깊은 감정적 상처를 남긴 트라우마, 학대 또는 다른 부정적인 사건들을 경험했을지도 모른다. 이러한 상처들은 관계, 자존감, 그리고 삶의 전반적인 목적의식에 영향을 미칠 수 있다.

과거 경험의 영향을 다루는 것의 도전 중 하나는 더 이상 도움이 되지 않는 부정적인 감정과 행동 패턴을 버리는 방법을 배우는 것이다. 누군가에게는 과거의 트라우마를 극복하고 건강한 대처 메커니즘을 개발하기 위해 치료나 다른 형태의 전문적인 도움을 구하는 것을 포함할 수 있다. 과거 경험이 우리를 정의할 필요가 없다. 우리는 우리 자신의 운명을 창조하고 삶을 원하는 것으로 만들 수 있는 힘을 가지고 있다. 현재에 집중하고 목표를 향해 노력함으로서 과거 경험의 부정적인 영향을 극복하고 더 만족스러운 삶을 만들기 시작할 수 있다.

부정적인 과거 경험의 영향을 극복하는 한 가지 방법은 그것들을 둘러싼 우리의 생각을 재구성하는 것이다. 우리 자신을 과거의 희생자로 보는 것보다 경험을 성장과 배움의 기회로 보는 것을 선택할 수 있다. 성장 사고방식을 수용함으로서 우리는 회복력을 개발하고 역경에 직면하여 번영하는 법을 배울 수 있다. 부정적인 과거 경험의 영향을 극복하는 또 다른 필수적인 측면은 자기 연민의 감정을 키우는 것이다. 완벽하지 않고 실수를 해도 괜찮다. 자신에게 친절하고 동정심을 가지면 더 큰 자존감과 자존감을 기를 수 있다.

이제가 개인에게 가장 큰 영향을 미친다는 생각은 과거 경험이 오늘의 우리를 형성하는 데 결정적인 역할을 한다는 의미다. 부정적인 과거 경험은 극복하기 어려울 수 있지만 그것이 우리를 정의하지는 않는다. 현재와 미래에 초점을 맞추고 사고를 재구성하고 자기 연민을 개발함으로서 과거의 경험이 주는 부정적인 영향들을 극복하고 더 성취감 있는 삶을 만들어 가보자.

—

In the quest for finding purpose in life, it's essential to look at our past experiences to understand how they shape our present and future. The idea that yesterday has the greatest impact on individuals speaks to the notion that our past experiences have a profound influence on who we are today.

Our past experiences can be both positive and negative. Positive experiences can give us a sense of confidence and hope for the future, while negative experiences can create fear, anxiety, and uncertainty. In many cases, negative experiences can have a more significant impact on our lives than positive ones, as they can leave lasting scars that take time to heal.

It's important to recognize that our past experiences are not always entirely within our control. We may have experienced trauma, abuse, or other negative events that have left us with deep emotional wounds. These wounds can affect our relationships, our self-esteem, and our overall sense of purpose in life.

One of the challenges of dealing with the impact of our past experiences is learning how to let go of negative emotions and patterns of behavior that no longer serve us. For some, this may involve seeking therapy or other forms of professional help to work through past trauma and develop healthy coping mechanisms.

It's important to recognize that our past experiences do not have to define us. We have the power to create our own destiny and make our lives into whatever we want them to be. By focusing on the present and future and working towards our goals, we can begin to overcome the negative effects of our past experiences and create a more fulfilling life.

One way to overcome the impact of negative past experiences is to reframe our thinking around them. Rather than seeing ourselves as victims of our past, we can choose to view our experiences as opportunities for growth and learning. By embracing a growth mindset, we can develop resilience and learn to thrive in the face of adversity.

Another essential aspect of overcoming the impact of negative past experiences is developing a sense of self-compassion. It's essential to recognize that we are not perfect and that it's okay to make mistakes. By being kind and compassionate to ourselves, we can develop greater self-esteem and self-worth.

In conclusion, the idea that yesterday has the greatest impact on individuals speaks to the notion that our past experiences play a critical role in shaping who we are today. While negative past experiences can be challenging to overcome, they do not have to define us. By focusing on the present and future, reframing our thinking, and developing self-compassion, we can overcome the negative effects of our past experiences and create a more fulfilling life.

18. 아침 일상은 하루 전체를 좌우한다

하루를 시작하는 방식은 남은 하루의 분위기를 결정할 수 있고 아침 일과는 전반적인 행복감과 목적을 결정하는 데 결정적인 역할을 한다. 아침 일과가 하루의 전체를 결정한다는 것은 신체적, 정서적, 그리고 영적인 행복을 지지하는 건강한 습관과 일상을 개발하는 것의 중요성을 말해준다. 많은 성공한 사람들은 아침 일과가 생산성과 성공을 위한 무대를 마련한 덕분이라고 믿는다.

예를 들어, 많은 기업가들과 사업가들은 일찍 일어나 하루 중 처음 몇 시간을 운동, 명상 또는 다른 형태의 자기 관리에 바친다. 아침에 그들의 웰빙과 자기 관리를 우선시함으로서 하루 종일 일에 더 집중할 수 있고 목표를 성취할 수 있었기 때문이다. 건강한 아침 루틴을 개발하는 것은 전문적인 성공을 달성하는 데 도움이 될 뿐만 아니라 전반적인 정신적, 육체적 건강을 지원하는 데에도 도움이 된다. 많은 전문가들은 하루를 기분, 에너지 수준, 그리고 전반적인 행복감을 높이는 데 도움이 될 수 있기 때문에 신체적인 운동으로 시작할 것을 추천한다. 다른 인기 있는 아침 일상 활동에는 저널링, 명상, 독서 또는 기쁨과 성취감을 가져오는 창의적인 취미에 참여하는 것이 포함된다.

건강한 아침 일과의 구체적인 요소들은 개인의 필요와 선호도에 따라 달라질 것이다. 하지만 성공적이고 만족스러운 아침과 연관되는 경향이 있는 몇 가지 공통적인 요소들이 있다. 이것들은 매일 같은 시간에 일어나고 아침에 가장 먼저 전자 기기를 피하고 물이나 차를 마시고 신체 활동에 참여하고 하루에 대한 의도를 정하고 마음챙김이나 감사를 연습하는 것을 포함한다.

건강한 아침 일과를 개발하는 것의 어려움 중 하나는 그렇게 할 시간과 동기를 찾는 것이다. 어떤 사람들에게는 이것은 평소보다 일찍 일어나거나 자기 관리를 우선시하기 위해 다른 생활 방식을 바꾸는 것을 필요로 할 수도 있다. 하지만 건강한 아침 일과의 이점은 그것들이 생산성, 창의성, 그리고 전반적인 행복을 증가시킬 수 있기 때문에 노력할 가치가 충분히 있다.

아침 일과는 하루의 전체의 신체적, 정서적, 그리고 영적인 안녕을 뒷받침하는 건강한 습관과 일상을 개발하는 것의 중요성을 말해준다. 아침에 자기 관리와 웰빙을 우선시함으로서 생산적이고 만족스러운 하루를 위한 무대를 마련할 수 있다. 건강한 아침 일과를 개발하는 것은 노력과 헌신을 필요로 할 수 있지만 그 혜택은 충실하고 목적 있는 삶을 위해 충분히 가치가 있다.

—

The way we start our day can set the tone for the rest of the day, and our morning routine plays a crucial role in determining our overall sense of well-being and purpose. The idea that morning routine determines the whole day speaks to the importance of developing healthy habits and routines that support our physical, emotional, and spiritual well-being.

Many successful people credit their morning routines with setting the stage for their productivity and success. For example, many entrepreneurs and business leaders make a point of waking up early and dedicating the first few hours of their day to exercise, meditation, or other forms of self-care. By prioritizing their well-being and self-care first thing in the morning, they are better able to focus on their work and achieve their goals throughout the day.

Developing a healthy morning routine is not only beneficial for achieving professional success but also for supporting overall mental and physical health. Many experts recommend starting the day with physical exercise, as it can help to boost mood, energy levels, and overall sense of well-being. Other popular morning routine activities include journaling, meditation, reading, or engaging in creative hobbies that bring joy and fulfillment.

The specific elements of a healthy morning routine will vary depending on individual needs and preferences. However, there are several common elements that tend to be associated with successful and fulfilling mornings. These include waking up at the same time every day, avoiding electronic devices first thing in the morning, drinking water or tea, engaging in physical activity, setting intentions for the day, and practicing mindfulness or gratitude.

One of the challenges of developing a healthy morning routine is finding the time and motivation to do so. For some, this may require waking up earlier than usual or making other lifestyle changes to prioritize self-care. However, the benefits of a healthy morning routine are well worth the effort, as they can lead to increased productivity, creativity, and overall well-being.

In conclusion, the idea that morning routine determines the whole day speaks to the importance of developing healthy habits and routines that support our physical, emotional, and spiritual well-being. By prioritizing self-care and well-being first thing in the morning, we can set the stage for a productive and fulfilling day. While developing a healthy morning routine may require effort and commitment, the benefits are well worth it for a fulfilling and purposeful life.

19. 자신의 행복에 집중하고 최우선 하는 것이 모두를 이롭게 한다

삶의 목적에 있어 중요한 과제는 자신의 욕망과 욕구를 다른 사람들의 욕구와 균형을 맞추는 일이다. 한편으로 성취감 있는 삶을 살기 위해서는 자신의 행복을 우선시하는 것이다. 하지만 우리는 주변 사람들의 필요와 행복을 고려할 책임도 있다. 이 상황이 다른 사람들에게 해를 끼치지 않는 한, 자신의 행복에 집중하고 그것을 최우선으로 하는 것 사이의 건강한 균형을 찾는 일의 중요성을 말해준다.

우리는 자신의 행복과 행복을 우선시할 때 다른 사람과 사회에 더 긍정적으로 기여할 수 있다. 많은 사람들은 자신의 행복을 우선시하는 것이 이기적이거나 자기도취적이라고 잘못 믿는다.

하지만 자신을 돌보는 것은 개인의 행복뿐만 아니라 다른 사람들의 이익에 큰 이익을 준다. 행복하고 성취감을 느낄 때 긍정적인 관계가 맺어 지고 생산적인 일에 참여할 수 있게 되며 사회에 긍정적으로 기여할 가능성이 더 높아지기 때문이다.

한 사람의 행복과 행복을 우선시한다는 생각은 다른 사람들의 필요를 무시하는 것을 의미하지 않는다. 오히려 그것은 자기 관리와 다른 사람들을 돌보는 것 사이의 건강한 균형을 찾는 것을 의미한다. 진정으로 행복하고 성취되기 위해서는 긍정적인 관계와 다른 사람들과의 연결감을 가져야 한다. 그렇게 하기 위해서는 다른 사람들의 요구를 무시하지 않고 경계를 설정하고 우리의 요구를 주장하는 법을 배워야 한다. 이것은 어려운 일일 수 있지만 개인과 집단의 행복 사이의 건강한 균형을 찾기 위해 필수적이다.

이 균형을 찾는 또 다른 필수적인 측면은 다른 사람들에 대한 공감과 연민을 개발하는 것이다. 우리 주변 사람들의 필요와 욕구를 이해함으로서 모두에게 이익이 되는 방식으로 자신의 욕구와 욕구를 더 잘 탐색할 수 있다.

결론적으로 다른 사람들에게 해를 끼치지 않는 한, 자신의 행복에 초점을 맞추고 우선시함으로서 사회에 긍정적으로 기여할 수 있다. 그러나 그렇게 하기 위해서는 효과적으로 의사소통하며 주변 사람들에 대한 공감과 연민을 실천해야 한다. 이 균형을 찾는 것은 어려울 수 있지만 성취감 있고 목적 있는 삶을 살기 위해서는 필수적이다.

—

One of the key challenges in finding purpose in life is balancing our own desires and needs with those of others. On the one hand, it's important to prioritize our own happiness and well-being in order to live a fulfilling life. On the other hand, we also have a responsibility to consider the needs and well-being of those around us.

The idea that, as long as it does not harm others, focusing on one's happiness and putting it first benefits everyone speaks to the importance of finding a healthy balance between individual and collective needs. When we prioritize our own happiness and well-being, we are better able to show up for others and contribute positively to society.

Many people mistakenly believe that prioritizing their own happiness is selfish or narcissistic. However, taking care of oneself is not only necessary for individual well-being but also for the benefit of others. When we are happy and fulfilled, we are more likely to have positive relationships, engage in productive work, and contribute positively to society.

It's important to note that the idea of prioritizing one's happiness and well-being does not mean neglecting the needs of others. Rather, it means finding a healthy balance between self-care and caring for others. In order to be truly happy and fulfilled, we must have positive relationships and a sense of connection to others.

One of the challenges of finding this balance is learning how to communicate our needs and desires effectively to those around us. We must learn to set boundaries and assert our needs without neglecting the needs of others. This can be a difficult task, but it is essential for finding a healthy balance between individual and collective well-being.

Another essential aspect of finding this balance is developing empathy and compassion for others. By understanding the needs and desires of those around us, we can better navigate our own desires and needs in a way that benefits everyone. We must also be willing to compromise and make sacrifices for the benefit of the group, while still prioritizing our own happiness and well-being.

In conclusion, the idea that, as long as it does not harm others, focusing on one's happiness and putting it first benefits everyone speaks to the importance of finding a healthy balance between individual and collective well-being. By prioritizing our own happiness and well-being, we can show up for others and contribute positively to society. However, we must also be willing to set boundaries, communicate effectively, and practice empathy and compassion for those around us. Finding this balance can be challenging, but it is essential for living a fulfilling and purposeful life.

20. 무언가에 대한 결핍이 행동의 패턴과 성향, 추구와 목적을 만든다

무언가가 부족하면 패턴과 성향, 추구, 행동의 목적이 생긴다. 부족하다는 느낌을 넘어서서 만족스러운 삶을 창조하는 것은 어려울 수 있지만 부족한 감정을 느낄 때에도 행복과 성취감을 증진시키는 습관과 일상을 개발하는 것은 가능하다.

부족한 것이 있음에도 불구하고 행복한 삶을 사는 비결 중 하나는 감사에 집중하는 것이다. 여러분이 무언가가 부족하다고 느낄 때 여러분이 가진 것에 집중하는 것이 어려울 수 있지만 감사함을 연습하는 것은 관점을 바꾸고 긍정적인 감정을 촉진하는 데 도움이 될 수 있다. 자신의 건강, 자신의 관계, 또는 집과 같이 감사하게 생각하는 몇 가지 것들을 생각하면서 하루를 시작해 보자.

무언가 부족함에도 불구하고 행복한 삶을 사는 또 다른 방법은 자기 관리에 집중하는 것이다. 충분한 수면을 취하고 건강하게 먹고 운동하고 기쁨과 성취감을 주는 활동에 참여하는 행동이다. 또 다른 것으로 목적의식을 찾는 것이 있다. 목적을 확인하는데 시간이 걸릴 수도 있지만 무엇을 즐기고 무엇을 잘하고 무엇을 중요하게 생각하는지 자신의 장점과 가치를 사회에 긍정적으로 기여하기 위해 어떻게 사용할 수 있는지 생각해보라.

당신을 격려하고 지지해주는 긍정적인 사람들이 우리와 가까이 있는 것 역시 필요하다. 부정적인 사람들은 여러분을 실망시키고 긍정과 성취에 집중하는 것을 더 어렵게 만들 수 있다. 당신을 격려하고 당신의 가치를 공유하는 사람들과 긍정적인 관계를 찾으라. 더불어 스트레스와 불안을 관리하는 법을 배우라. 명상, 심호흡 또는 운동과 같이 여러분에게 효과가 있는 스트레스를 관리하는 방법을 찾아보라. 압도당하거나 불안할 때, 휴식을 취하고 독서를 하거나 자연에서 시간을 보내는 것과 같이 즐거움을 주는 활동에 참여하라.

무언가 부족함에도 불구하고 행복한 삶을 사는 것은 긍정과 성취감을 증진시키는 습관과 일상을 개발하는 것을 필요로 한다. 감사를 실천하고 자기관리에 집중하고 목적의식을 찾고 긍정적인 사람들로 자신을 감싸고 스트레스와 불안을 관리함으로서 부족한 감정을 다룰 때에도 성취감 있는 삶을 살 수 있다. 목적과 행복을 찾는 것은 시간과 노력이 필요하지만 올바른 사고방식과 접근법으로 성취할 수 있다는 것을 기억하라.

—

Lack of something creates patterns and tendencies, pursuits, and purposes of behavior. It can be challenging to move past the feeling of lack and to create a fulfilling life. However, it is possible to develop habits and routines that promote happiness and fulfillment, even when dealing with feelings of lack.

One of the keys to living a happy life despite a lack of something is to focus on gratitude. While it may be challenging to focus on what you have when you feel like something is missing, practicing gratitude can help to shift your perspective and promote positive emotions. Begin each day by thinking of a few things you are grateful for, such as your health, your relationships, or your home.

Another important aspect of living a happy life despite a

lack of something is to focus on self-care. When you prioritize taking care of yourself, you are better able to show up for others and contribute positively to society. This could mean getting enough sleep, eating healthy, exercising, and engaging in activities that bring you joy and fulfillment.

Finding a sense of purpose can also be essential in promoting happiness and fulfillment. While it may take time to identify your purpose, think about what you enjoy doing, what you are good at, and what you value. Consider how you can use your strengths and values to contribute positively to society.

It is also important to surround yourself with positive people who uplift and support you. Negative people can bring you down and make it more difficult to focus on positivity and fulfillment. Seek out positive relationships with people who encourage you and share your values.

Additionally, learning to manage stress and anxiety can be helpful in promoting happiness and fulfillment. Find ways to manage stress that work for you, such as meditation, deep breathing, or exercise. When you feel overwhelmed or anxious, take a break and engage in an activity that brings you joy, such as reading or spending time in nature.

In conclusion, living a happy life despite a lack of something requires developing habits and routines that promote positivity and fulfillment. By practicing gratitude, focusing on self-care, finding a sense of purpose, surrounding yourself with positive people, and managing stress and anxiety, you can live a fulfilling life even when dealing with feelings of lack. Remember that finding purpose and happiness takes time and effort, but it is achievable with the right mindset and approach.

21. 가장 행복한 시간은 지금이다

지금이 가장 행복한 시간이라는 생각은 너무나 중요하다. 많은 사람들이 과거에 대해 생각하거나 미래에 대해 걱정하면서 많은 시간을 보내며 후회, 불안, 불확실성의 감정으로 이어진다. 하지만 현재의 순간에 집중하고 삶의 단순한 것들에서 즐거움을 찾음으로서 우리는 더 충실하고 행복하게 살 수 있다.

현재의 순간에서 행복을 찾는 비결 중 하나는 마음챙김을 연습하는 것이다. 마음챙김은 판단이나 산만함 없이 그 순간에 완전히 존재하는 연습이다. 현재의 순간에 집중함으로서 주변의 세상에 대한 더 큰 감사와 감사의 마음을 키울 수 있다.

현재의 순간에서 행복을 찾는 또 다른 방법으로는 과거를 버리는 법을 배우는 것이다. 우리의 과거 경험이 오늘날 우리의 모습을 형성할 수 있지만 과거의 실수나 부정적인 경험에 연연하지 않는 것이 중요하다. 과거를 버림으로서 우리는 현재의 순간에 집중할 수 있고 더 만족스러운 삶을 만들 수 있다. 행복은 외적인 상황에 좌우되지 않는다는 것을 인식하는 것도 중요하다. 물질적 소유, 직업적 성공, 그리고 관계는 기쁨과 성취감을 가져다 줄 수 있지만 진정한 행복은 내면에서 나온다. 긍정적인 사고방식을 배양하고 현재의 순간에 집중함으로서 외적인 상황에 상관없이 행복과 성취감을 찾을 수 있다.

단순한 것들에서 즐거움을 찾는 것 역시 하나의 방법이다. 자연의 아름다움을 감상하는 시간을 가지거나 사랑하는 사람들과 시간을 보내거나 창의적인 취미에 참여함으로서 일상 생활에서 기쁨과 성취감을 찾을 수 있다. 현재를 사는 것의 도전 중 하나는 계획과 준비의 필요성과 존재감과 마음챙김의 필요성 사이에서 균형을 맞추는 것을 배우는 것이다. 미래를 계획하는 것도 중요하지만 현재의 순간에 집중하고 현재의 기쁨과 성취감을 찾는 것도 중요하다.

결론적으로 지금이 가장 행복한 시기라는 생각은 삶의 목적과 의미를 찾는 데 있어서 필수적인 개념이다. 마음챙김을 실천하고, 과거를 버리고, 행복의 내적 원천에 초점을 맞추고 삶의 간단한 것들에서 즐거움을 찾고 계획과 존재감의 균형을 맞추면 우리는 더 완전하고 행복하게 살 수 있다. 행복은 여행이지 목적지가 아니며 현재의 순간에서 목적과 성취를 찾는 것은 연습과 헌신이 필요하다는 것을 기억하라.

—

The idea that the happiest time is now is an essential concept. Many people spend a great deal of time dwelling on the past or worrying about the future, leading to feelings of regret, anxiety, and uncertainty. However, by focusing on the present moment and finding joy in the simple things in life, we can live more fully and happily.

One of the keys to finding happiness in the present moment is practicing mindfulness. Mindfulness is the practice of being fully present in the moment, without judgment or distraction. By focusing on the present moment, we can develop a greater sense of gratitude and appreciation for the world around us.

Another important aspect of finding happiness in the present moment is learning to let go of the past. While our past experiences can shape who we are today, it is important not to dwell on past mistakes or negative experiences. By letting go of thc past, we can focus on the present moment and create a more fulfilling life.

It is also important to recognize that happiness is not dependent on external circumstances. While material possessions, career success, and relationships can bring joy and fulfillment, true happiness comes from within. By cultivating a positive mindset and focusing on the present moment, we can find happiness and fulfillment regardless of our external circumstances.

Finding joy in the simple things in life is another important aspect of living in the present moment. By taking time to appreciate the beauty of nature, spending time with loved ones, or engaging in creative hobbies, we can find joy and fulfillment in our daily lives.

One of the challenges of living in the present moment is learning to balance the need for planning and preparation with the need for presence and mindfulness. While it is important to plan for the future, it is also important to focus on the present moment and find joy and fulfillment in the here and now.

In conclusion, the idea that the happiest time is now is an essential concept when it comes to finding purpose and meaning in life. By practicing mindfulness, letting go of the past, focusing on internal sources of happiness, finding joy in the simple things in life, and balancing planning with presence, we can live more fully and happily. Remember that happiness is a journey, not a destination, and finding purpose and fulfillment in the present moment requires practice and commitment.

22. 인생은 버티는 것이 아니라 그 자체로 신비이며 모험이다

삶이란 참는 것이 아니라 그 자체로 신비와 모험이다. 많은 사람은 인생을 삶이 제공해야 하는 신비와 모험을 진정으로 받아들이지 못한 채 달성해야 하는 과정으로 여기고 있다. 하지만 현재에 집중한다면 더 완전하고 행복하게 살 수 있다.

호기심과 경이로움으로 하루하루를 다가가는 것이 행복한 삶을 사는 비결 중 하나다. 단순히 하루를 견디기보다는 탐구하고 배울 수 있는 기회로 접근하라. 삶의 신비와 모험을 받아들이고, 흥분과 기대감을 가지고 매일 접근하라.

삶은 새로운 경험과 기회에 열려있는 것이다. 인생은 놀라움과 예상치 못한 우여곡절로 가득 차 있고 각각의 새로운 경험이 가져다주는 가능성에 열려 있다. 새로운 도전과 기회를 받아들이고 호기심과 경이로움을 가지고 접근해야 진정한 삶이다.

행복은 목적지가 아니라 여행이다. 구체적인 목표나 결과를 달성하는 데 집중하기보다는 현재의 순간에 집중하고 여행 자체에서 즐거움을 찾으라. 삶의 부정성을 받아들이고 각각의 경험을 배우고 성장하는 기회로 접근하라.

긍정적인 사고방식을 개발하라.. 부정적인 생각이나 경험에 연연하지 말고 삶의 긍정적인 면에 집중하라. 주변의 세상에 대한 감사와 감사의 마음을 키우고 낙관과 희망의 마음으로 하루하루에 다가서 보자.

한 가지 생각해 볼 것은 일상의 필요성과 자발성과 모험의 필요성의 균형을 맞추는 것을 배우는 것이다. 구조와 일상은 안정감과 안정감을 제공할 수 있지만 단조롭고 지루해질 수도 있다. 하지만 자발성과 모험을 받아들임으로서 일상에 흥분과 기쁨을 불어넣을 수 있다.

결론적으로 인생은 참는 것이 아니라 신비와 모험 그 자체라는 생각은 삶의 목적과 의미를 찾는 데 있다. 목적지보다는 과정 집중하고 긍정적인 사고방식을 개발하고 자발성과 구조의 균형을 맞추면 우리는 더 완전하고 행복하게 살 수 있다. 목적과 행복을 찾는 것은 목적지가 아닌 여행이며 충실한 삶의 열쇠는 삶의 신비와 모험을 포용하는 것임을 기억하라.

—

Life is not about enduring, but a mystery and adventure in itself, Many people spend their lives simply going through the motions, without truly embracing the mystery and adventure that life has to offer. However, by focusing on the present moment and approaching life as a journey of discovery, we can live more fully and happily.

One of the keys to living a happy life is to approach each day with a sense of curiosity and wonder. Rather than simply enduring the day, approach it as an opportunity to explore and learn. Embrace the mystery and adventure of life, and approach each day with a sense of excitement and anticipation.

Another important aspect of living a happy life is to be open to new experiences and opportunities. Life is full of surprises and unexpected twists and turns, and it is important to be open to the possibilities that each new experience brings. Embrace new challenges and opportunities, and approach them with a sense of curiosity and wonder.

It is also important to recognize that happiness is not a destination, but a journey. Rather than focusing on achieving specific goals or outcomes, focus on the present moment and finding joy in the journey itself. Embrace the ups and downs of life, and approach each experience as an opportunity to learn and grow.

Developing a positive mindset is another essential aspect of living a happy life. Focus on the positive aspects of your life, rather than dwelling on negative thoughts or experiences. Cultivate a sense of gratitude and appreciation for the world around you, and approach each day with a sense of optimism and hope.

One of the challenges of living a happy life is learning to balance the need for structure and routine with the need for spontaneity and adventure. While structure and routine can provide a sense of stability and security, they can also become monotonous and dull. By embracing spontaneity and adventure, we can inject a sense of excitement and joy into our daily lives.

In conclusion, the idea that life is not about enduring, but a mystery and adventure in itself is an essential concept when it comes to finding purpose and meaning in life. By embracing the mystery and adventure of life, approaching each day with a sense of curiosity and wonder, being open to new experiences and opportunities, focusing on the journey rather than the destination, developing a positive mindset, and balancing structure with spontaneity, we can live more fully and happily. Remember that finding purpose and happiness is a journey, not a destination, and that the key to a fulfilling life is embracing the mystery and adventure of life.

4 장

인생에서 변하지 않는 진실들

해당 일러스트는 책의 제목과 목차, 주제를 AI에게 전달하고 받은 표지 일러스트 시안입니다.

4장은 변하지 않는 삶의 진리 속에서 방향을 찾는다는 주제에 초점이 맞춰져 있다. 구체적으로 죽음의 필연성을 받아들이고 현재의 순간을 살아가는 법을 배우는 것이 삶의 목적과 방향을 파악하는 데 도움이 될 수 있다는 생각을 탐구하고 있다.

고려해야 할 핵심 포인트 중 하나는 우리 모두가 언젠가는 죽을 것이라는 사실을 직시해야 한다는 것이다. 이것이 생각하기에 불편한 진실일 수도 있지만 그것을 받아들이는 것은 우리가 현재의 순간에 더 완전하게 살 수 있도록 도와줄 수 있다. 지구상에서 우리의 시간이 제한되어 있다는 것을 인식함으로 우리는 진정으로 우리에게 중요한 것들을 우선시하기 시작할 수 있고 더 큰 목적과 의도를 가지고 살 수 있다.

중요한 점은 진정한 마음의 평화만이 현재의 순간에 있다는 것이다. 과거를 반성하고 미래를 계획하는 것은 당연하지만 이런 것들에 연연하는 것은 현재의 풍요로움을 놓치게 할 수 있다. 현재의 삶을 배움으로써, 우리는 더 큰 마음챙김과 인식을 기를 수 있고 우리의 일상적인 경험에서 더 깊은 의미와 목적을 찾을 수 있다.

이러한 현재의 인식을 함양하기 위해서는 객관적인 관점에서 현재를 파악하는 데 시간을 투자하는 것이 중요하다. 이것은 판단이나 애착 없이 우리의 생각, 감정, 감각을 관찰하는 것을 배우고 우리 주변의 세상에 더 잘 적응하는 것을 의미한다. 명상과 같은 마음챙김 연습은 우리가 더 큰 인식과 존재감을 기르는 데 도움이 되는 이 과정에서 유용한 도구가 될 수 있다.

삶의 방향을 찾기 위한 또 다른 중요한 전략은 우리가 당연하게 여겼던 가정에 도전하는 것이다. 우리 개인의 가치와 욕구가 아닌 문화적 또는 사회적 기대에 기반한 사고와 행동 패턴에 빠지기 쉽다. 이러한 가정에 의문을 제기함으로 우리는 우리의 진정한 열정과 우선순위를 밝히기 시작할 수 있고 우리의 가장 깊은 목적의식과 일치하는 방향을 도표로 그릴 수 있다.

마지막으로 우리는 아무것도 할 필요가 없다는 것을 기억하는 것이 중요하다. 특정 목표나 이정표를 달성해야 한다는 압박감을 느끼는 것은 당연하지만 궁극적으로 우리 자신의 삶에서 성공과 목적이 무엇을 의미하는지 정의하는 것은 우리에게 달려 있다. 외부의 기대를 버리고 우리 자신의 내적인 지도에 맞추는 법을 배움으로 우리는 진정으로 성취감과 의미를 느끼는 삶을 창조할 수 있다.

요약하면 4장은 죽음의 필연성을 포함한 변하지 않는 삶의 진리를 받아들이는 것이 삶의 방향과 목적을 찾는 데 도움이 될 수 있다는 생각에 초점을 맞추고 있다. 현재의 순간에 사는 법을 배우고 우리의 가정에 도전하고 우리 자신의 내적인 지침에 맞춰 조정함으로우리는 우리의 가장 깊은 가치와 욕구에 부합하는 과정을 도표로 그릴 수 있다.

Chapter 4 focused on the theme of finding direction in the unchanging truth of life. Specifically, we are exploring the idea that accepting the inevitability of death and learning to live in the present moment can help us to identify our purpose and direction in life.

One of the key points to consider is that we must all face the fact that we will one day die. While this may be an uncomfortable truth to contemplate, accepting it can help us to live more fully in the present moment. By recognizing that our time on earth is limited, we can begin to prioritize the things that truly matter to us, and live with a greater sense of purpose and intention.

The important point is that the only true peace of mind lies in the present moment. While it's natural to reflect on the past and plan for the future, dwelling on these things can cause us to miss out on the richness of the present moment. By learning to live in the here and now, we can cultivate a greater sense of mindfulness and awareness, and find deeper meaning and purpose in our daily experiences.

In order to cultivate this present-moment awareness, it's important to invest time in grasping the present from an objective point of view. This means learning to observe our thoughts, emotions, and sensations without judgment or attachment, and becoming more attuned to the world around us. Mindfulness practices such as meditation can be useful tools in this process, helping us to cultivate greater awareness and presence.

Another important strategy for finding direction in life is to challenge the assumptions that we have taken for granted. It's easy to fall into patterns of thought and behavior that are based on cultural or societal expectations, rather than our own individual values and desires. By questioning these assumptions, we can begin to uncover our true passions and priorities, and chart a course that aligns with our deepest sense of purpose.

Finally, it's important to remember that we don't have to do anything. While it's natural to feel pressure to achieve certain goals or milestones, it's ultimately up to us to define what success and purpose mean in our own lives. By learning to let go of external expectations and tune into our own inner guidance, we can create a life that feels truly fulfilling and meaningful.

In summary, Chapter 4 focused on the idea that accepting the unchanging truth of life, including the inevitability of death, can help us to find direction and purpose in life. By learning to live in the present moment, challenging our assumptions, and tuning into our own inner guidance, we can chart a course that aligns with our deepest values and desires.

23. 나 자신은 언젠가 반드시 죽는다 - 이 사실을 토대로 삶을 설계하라

죽음의 필연성은 삶의 근본적인 진리다. 이 사실을 받아들이는 것은 의미 있고 목적 있는 삶을 설계하는 데 있어 강력한 도구가 될 수 있다. 다음은 죽음의 확실성에 기초한 삶을 설계하는 몇 가지 기술이다

1. 여러분의 가치를 명확히 하라: 여러분에게 가장 중요한 것이 무엇인지 아는 것은 여러분의 목적에 맞는 선택을 하는 데 도움이 될 수 있다. 여러분의 삶에서 어떤 가치를 우선시하고 싶은지 스스로에게 물어보라. 몇몇 예들은 가족, 공동체, 영성, 모험, 창의성 또는 개인적인 성장을 포함할 수 있다.

2. 의미 있는 목표 설정: 자신의 가치관에 대한 명확한 감각이 있을 때 자신의 가치관에 맞는 목표를 설정할 수 있다. 여러분이 인생에서 이루고 싶은 것과 남기고 싶은 유산이 무엇인지 생각해 보라. 그것이 가족을 키우든, 사업을 건설하든, 공동체에 변화를 주든, 열정을 추구하든, 목적의식을 갖는 것은 여러분이 동기부여를 받고 집중하는 데 도움을 줄 수 있다.

3. 현재를 살아라: 미래에 대한 목표와 계획을 갖는 것도 중요하지만 현재를 사는 것도 마찬가지로 중요하다. 여러분의 일상에서 작은 기쁨들을 감사하고, 마음챙김과 감사함을 기르라. 인생은 소중하고 덧없음을 기억하고, 모든 순간을 최대한 활용하라.

4. 두려움을 직시하라: 죽음에 대한 두려움은 강력한 동기부여가 될 수도 있고 마비시키는 힘이 될 수도 있다. 두려움을 인정하고 직면함으로서 여러분은 삶을 더 완전하게 받아들이는 법을 배울 수 있다. 여러분이 무엇을 두려워하고 왜 두려워하는지 스스로에게 물어보고 그러한 두려움을 극복하기 위해 어떤 조치를 취할 수 있는지 생각해 보라.

5. 자기 성찰 연습: 규칙적으로 여러분의 삶을 반성하는 것은 여러분이 여러분의 목적과 가치에 계속 연결되도록 도와줄 수 있

다. 일기를 쓰고, 명상을 하거나, 그저 침묵 속에 앉아 여러분의 경험을 되새길 시간을 내고. 여러분이 배운 것, 감사하는 것, 그리고 여전히 성취하기를 바라는 것을 고려하라.

이러한 기술들을 여러분의 삶에 통합하는 것은 심지어 죽음에 직면해서도 목적 있고 의미 있는 삶을 설계하는 데 도움이 될 수 있다. 죽음은 삶의 자연스러운 부분이며 목적과 의도를 가지고 살아감으로서 여러분이 떠난 후에도 오래 지속될 긍정적인 유산을 남길 수 있다는 것을 기억하라.

—

The inevitability of death is a fundamental truth of life. Accepting this fact can be a powerful tool in designing a meaningful and purposeful life. Here are some techniques for designing a life based on the certainty of death:

1. Clarify your values: Knowing what matters most to you can help you make choices that align with your purpose. Ask yourself what values you want to prioritize in your life. Some examples might include family, community, spirituality,

adventure, creativity, or personal growth.

2. Set meaningful goals: When you have a clear sense of your values, you can set goals that align with them. Think about what you want to accomplish in your life and what legacy you want to leave behind. Whether it's raising a family, building a business, making a difference in your community, or pursuing a passion, having a sense of purpose can help you stay motivated and focused.

3. Live in the present: While it's important to have goals and plans for the future, it's equally important to live in the present moment. Appreciate the small joys in your daily life, and cultivate mindfulness and gratitude. Remember that life is precious and fleeting, and make the most of every moment.

4. Face your fears: The fear of death can be a powerful motivator or a paralyzing force. By acknowledging and facing your fears, you can learn to embrace life more fully. Ask yourself what you're afraid of and why, and consider what steps you can take to overcome those fears.

5. Practice self-reflection: Regularly reflecting on your life can help you stay connected to your purpose and values. Set aside time to journal, meditate, or simply sit in silence and reflect on your experiences. Consider what you've learned, what you're grateful for, and what you still hope to achieve.

Incorporating these techniques into your life can help you design a purposeful and meaningful life, even in the face of mortality. Remember that death is a natural part of life, and that by living with purpose and intention, you can leave a positive legacy that will endure long after you're gone.

24. 마음의 평정은 과거와 미래에 대한 생각이 아닌, 오직 현재에 있다

마음의 평화를 찾는 것은 많은 사람들에게 공통된 목표이지만 그것은 찾기 어려울 수 있다. 이것의 한 가지 이유는 우리가 종종 현재의 순간에 사는 것보다 과거나 미래에 초점을 맞추기 때문이다. 다음은 현재에 기초함으로써 마음의 평화를 찾는 몇 가지 기술이다.

1. 마음챙김 연습: 마음챙김은 판단하지 않고 현재의 순간에 주의를 기울이는 연습이다. 과거에 대한 후회나 미래에 대한 걱정에 휘말리는 것보다 지금 현재에 집중할 수 있도록 도와줄 수 있다. 명상, 심호흡을 통해 마음챙김을 연습하거나 현재의 순간에 여러분의 감각에 주의를 기울이자.

2. 과거를 버려라: 과거의 상처, 후회, 실수를 붙잡는 것은 현재에서 여러분이 평화를 찾는 것을 막을 수 있다. 과거를 인정하고 배우는 것이 중요하지만 과거에 집착하는 것은 여러분의 행복에 해로울 수 있다. 다른 사람과 자신 모두를 위해 용서를 실천하고 과거에 연연하기보다는 현재의 순간에 집중하라.

3. 감사를 기르라: 감사는 현재에서 마음의 평화를 찾는 강력한 도구다. 현재의 순간에 감사하는 것에 집중함으로 여러분은 미래에 대한 걱정이나 과거에 대한 후회로부터 관심을 돌릴 수 있다. 감사 일기를 쓰거나 매일 몇 분씩 여러분이 감사하는 것에 대해 생각해 보자.

4. 의도를 가지고 살아라: 의도를 가지고 산다는 것은 당신의 가치와 목표에 맞는 의식적인 선택을 하는 것을 의미한다. 현재의 순간에 성취하고 싶은 것에 집중함으로 여러분은 미래에 대한 걱정이나 과거에 대한 후회로 산만해지는 것을 피할 수 있다. 여러분 자신을 위한 목표를 세우고 그 목표를 향해 한 번에 한 걸음씩 행동을 취하라.

5. 자기 관리 연습: 현재의 순간에 여러분 자신을 돌보는 것은

여러분이 마음의 평화를 찾는 것을 도울 수 있다. 충분한 수면을 취하는 것이든, 영양을 공급하는 음식을 먹는 것이든, 여러분에게 즐거움을 주는 활동에 참여하는 것이든, 자기 관리의 우선순위를 정하는 것은 현재에 기반을 두고 더 편안함을 느끼도록 도와줄 수 있다.

현재에 집중함으로 여러분은 혼란이나 불확실성 속에서도 마음의 평화를 찾을 수 있다. 과거는 가고 미래는 아직 오지 않았지만 현재의 순간은 항상 여러분에게 가능하다는 것을 기억하라. 마음챙김을 실천하고 과거를 버리고 감사함을 가꾸고 의도를 가지고 살며 현재에 기반을 두고 마음의 평화를 찾기 위한 자기 관리를 실천하라.

—

Finding peace of mind is a common goal for many people, yet it can be elusive. One reason for this is that we often focus on the past or the future, rather than living in the present moment. Here are some techniques for finding peace of mind by staying grounded in the present:

1. Practice mindfulness: Mindfulness is the practice of paying attention to the present moment without judgment. It can help you stay focused on the here and now, rather than getting caught up in regrets about the past or worries about the future. Try practicing mindfulness through meditation, deep breathing, or simply paying attention to your senses in the present moment.

2. Let go of the past: Holding onto past hurts, regrets, or mistakes can prevent you from finding peace in the present. While it's important to acknowledge and learn from the past, dwelling on it can be detrimental to your well-being. Practice forgiveness, both for others and for yourself, and focus on the present moment rather than dwelling on the past.

3. Cultivate gratitude: Gratitude is a powerful tool for finding peace of mind in the present. By focusing on what you're grateful for in the present moment, you can shift your attention away from worries about the future or regrets about the past. Try keeping a gratitude journal or simply

taking a few minutes each day to reflect on what you're grateful for.

4. Live with intention: Living with intention means making conscious choices that align with your values and goals. By focusing on what you want to achieve in the present moment, you can avoid getting distracted by worries about the future or regrets about the past. Set goals for yourself and take action towards them, one step at a time.

5. Practice self-care: Taking care of yourself in the present moment can help you find peace of mind. Whether it's getting enough sleep, eating nourishing food, or engaging in activities that bring you joy, prioritizing self-care can help you stay grounded in the present and feel more at ease.

By staying focused on the present moment, you can find peace of mind even in the midst of chaos or uncertainty. Remember that the past is gone and the future is not yet here, but the present moment is always available to you. Practice mindfulness, let go of the past, cultivate gratitude, live with intention, and practice self-care to stay grounded in the present and find peace of mind.

25. 객관적 관점을 파악하는데 많은 시간을 투자하라

삶의 목적과 의미를 찾는 것은 우리 자신과 우리 주변의 세계에 대한 깊은 이해를 필요로 한다. 이러한 이해를 얻는 한 가지 방법은 객관적인 관점에서 현재를 파악하는 데 시간을 투자하는 것이다. 아래의 각각의 사고에 주의를 기울여 보자.

자기 인식은 자신의 생각, 감정, 행동을 객관적으로 관찰하고 이해하는 능력이다. 자아 인식을 발달시킴으로 여러분은 자신과 동기에 대한 더 깊은 이해를 얻을 수 있다. 일기를 쓰거나 성격 평가를 받거나 하루 종일 여러분의 생각과 감정에 단순히 주의를 기울이도록 하라.

공감능력은 다른 사람의 감정을 이해하고 공유하는 능력이다.

공감능력을 배양함으로 여러분은 여러분 주변의 세상에 대해 더 객관적인 시각을 얻을 수 있다. 다른 사람들의 입장이 되어 보고 적극적으로 듣고 공통점을 찾아보라.

당신의 가치 기준을 점검해 보자. 우리 모두는 우리의 판단력을 흐리게 하고 세상을 객관적으로 보지 못하게 할 수 있는 가정과 편견을 가지고 있다. 자신의 가정에 도전하고 다른 관점을 찾음으로 여러분은 세상에 대한 더 미묘한 이해를 얻을 수 있다. 다른 관점에서 책이나 기사를 읽거나, 다른 관점을 가진 사람들과 사려 깊은 대화를 해보자..

비판적 사고에 참여하라. 비판적 사고는 정보를 객관적으로 분석하고 평가하는 능력이다. 비판적 사고 능력을 개발함으로 여러분은 더 많은 정보에 입각한 결정을 내리고 세상을 더 객관적으로 이해할 수 있다. 질문을 하고 증거를 평가하고 대안적인 설명을 고려해자.

마음챙김은 판단하지 않고 현재의 순간에 주의를 기울이는 연습이다. 마음챙김을 연습함으로 생각과 감정에 대해 더 객관적인 관점을 개발할 수 있다. 현재의 순간에 명상을 하거나 심호흡을 하거나 단순히 여러분의 감각에 주의를 기울이도록 해 보자.

객관적인 관점에서 현재를 파악하는 데 시간을 투자함으로 우리는 자신과 자신 주변의 세계에 대한 더 깊은 이해를 얻을 수 있다. 좀 더 객관적인 관점을 개발하기 위해 자아 인식을 연습하고 공감을 기르고 여러분의 가정에 도전하고 비판적인 사고에 참여하고 마음챙김을 연습하라. 객관성이 자신의 감정이 없거나 초연해야 한다는 것을 의미하지 않는다는 것을 기억하라. 대신, 그것은 다른 사람들의 생각과 감정뿐만 아니라 그것들에 휘말리지 않고 자신의 생각과 감정을 관찰하고 이해할 수 있다는 것을 의미한다.

–

Finding purpose and meaning in life requires a deep understanding of ourselves and the world around us. One way to gain this understanding is by investing time in grasping the present from an objective point of view. Here are some techniques for doing so:

Self-awareness is the ability to objectively observe and understand your thoughts, feelings, and behaviors. By developing self-awareness, you can gain a deeper understanding of yourself and your motivations. Try journaling, taking personality assessments, or simply paying attention to your thoughts and feelings throughout the day.

Empathy is the ability to understand and share the feelings of others. By cultivating empathy, you can gain a more objective perspective on the world around you. Try putting yourself in other people's shoes, listening actively, and looking for common ground.

We all have assumptions and biases that can cloud our judgment and prevent us from seeing the world objectively. By challenging your assumptions and seeking out different perspectives, you can gain a more nuanced understanding of the world. Try reading books or articles from different viewpoints, or engaging in thoughtful conversations with people who have different perspectives.

Critical thinking is the ability to objectively analyze and evaluate information. By developing your critical thinking skills, you can make more informed decisions and understand the world more objectively. Try asking questions, evaluating evidence, and considering alternative explanations.

Mindfulness is the practice of paying attention to the present moment without judgment. By practicing mindfulness, you can develop a more objective perspective on your thoughts and emotions. Try meditating, deep breathing, or simply paying attention to your senses in the present moment.

By investing time in grasping the present from an objective point of view, you can gain a deeper understanding of yourself and the world around you. Practice self-awareness, cultivate empathy, challenge your assumptions, engage in critical thinking, and practice mindfulness to develop a more objective perspective. Remember that objectivity doesn't mean you have to be emotionless or detached. Instead, it means being able to observe and understand your thoughts and feelings, as well as those of others, without getting caught up in them.

26. 당연하게 받아들였던 가치관에 도전하라

우리의 기준은 종종 우리가 깨닫지 못하는 사이에 우리의 믿음, 가치, 행동을 형성한다. 우리가 당연하게 여기는 기준들에 도전하는 것은 우리 자신과 우리 주변의 세상에 대한 더 깊은 이해를 얻는 데 도움이 될 수 있다. 자신의 믿음과 행동의 기초가 되는 가치관에 대한 확인을 시작해 보자. 왜 당신이 하는 일을 믿는지, 그리고 그 믿음 뒤에 어떤 가정이 있는지 스스로에게 물어보는 것이다. 예를 들어 당신은 성공이 부와 지위에 의해 정의되거나, 행복이 외부로부터 온다고 가정할 수 있다.

먼저 가치관에 의문을 제기해 보자. 그리고 그것들에 대해 질문하기 시작해보자. 그것들이 사실에 근거한 것인지 아니면 단순히 믿음에 근거한 것인지 스스로에게 물어보는 것이다. 자신의 가정에 대한 찬성과 반대의 증거를 고려하고 다른 관점을 찾아볼 것을 권한다.

이제 또 다른 다양한 관점을 찾아 보라. 다른 관점에 자신을 노출시키는 것은 당신의 가치 기준을 점검하는데 도움이 될 수 있다. 독서, 대화 또는 다른 형태의 미디어를 통해 자신의 관점과 다른 관점을 찾아보라.

더불어 새로운 행동을 실험해 보자. 새로운 행동과 경험을 시도하는 것은 자신의 가치 기준을 점검하는데 도움을 준다. 예를 들어 당신이 행복해지기 위해 많은 돈이 필요하다고 가정한다면 일정 기간 동안 더 단순하게 살도록 노력하고 그것이 여러분의 행복에 어떻게 영향을 미치는지 살펴봐야 하는 것 등이다.

이제 불확실성 수용하는 것이 필요하다. 자신의 가치 기준들을 바꾸는 일이 때때로 불편하고 심지어 무서울 수도 있다. 그러나 불확실성을 받아들이고 가정에 도전하는 것은 일회성 이벤트가 아닌, 지속적인 프로세스다..

우리가 당연하게 여기는 가정들에 도전함으로 우리는 우리 자신과 우리 주변의 세계에 대한 더 깊은 이해를 얻을 수 있다. 여러분의 가정을 확인하고 질문하고 다양한 관점을 찾고 새로운 행동을 실험하고 여러분의 가정에 도전하기 위해 불확실성을 받아들이자. 자신의 가정에 도전하는 것은 자신의 가치나 신념을 버리는 것이 아니라 그것들에 의문을 제기하고 시간이 지남에 따라 그 것들을 다듬는 것을 의미한다는 것을 기억하자.

—

Our standards shape our beliefs, values, and actions, often without us even realizing it. Challenging the standards we take for granted can help us gain a deeper understanding of ourselves and the world around us. Here are some techniques for doing so:

Start by identifying the values that underlie your beliefs and actions. Ask yourself why you believe what you do, and what assumptions are behind those beliefs. For example, you might assume that success is defined by wealth and status, or that happiness comes from external sources.

Once you've identified your values, start questioning them. Ask yourself whether they are based on facts or simply beliefs. Consider the evidence for and against your assumptions, and look for alternative perspectives.

Seek out diverse perspectives: Exposing yourself to different perspectives can help you challenge your assumptions. Seek out viewpoints that are different from your own, whether through reading, conversation, or other forms of media.

Experiment with new behaviors: Trying out new behaviors and experiences can help you challenge your assumptions. For example, if you assume that you need a lot of money to be happy, try living more simply for a period of time and see how it affects your happiness.

Embrace uncertainty: Challenging your assumptions can be uncomfortable and even scary at times. Embrace the uncertainty and recognize that challenging your assumptions is an ongoing process, not a one-time event.

By challenging the assumptions we take for granted, we can gain a deeper understanding of ourselves and the world around us. Identify your assumptions, question them, seek out diverse perspectives, experiment with new behaviors, and embrace uncertainty to challenge your assumptions. Remember that challenging your assumptions doesn't mean abandoning your values or beliefs, but rather questioning them and refining them over time.

27. 무슨 일이든 반드시 할 필요는 없다

인생에서 목적을 찾는 것에 관해서는 종종 무언가를 해야 한다는 많은 압박감이 있다. 우리는 목표를 세우고 열정을 추구하고 우리의 시간을 최대한 활용하라는 말을 듣는다. 하지만 만약 당신이 특정한 열정에 의해 움직인다고 느끼지 않거나 여러분이 성취하고 싶은 것에 대해 명확한 생각을 가지고 있지 않다면 어떻게 될까? 만약 여러분이 단순히 현재의 상황에 만족하고 아무것도 바꿀 필요를 느끼지 않는다면 어떨까?

일반적인 믿음과는 반대로 특정한 것을 성취하려는 불타는 욕망을 갖지 않는 것은 완벽하게 괜찮다. 모든 사람이 초과 달성자가 될 필요는 없으며 모든 사람이 행복해지기 위해 명확한 목적을 가질 필요도 없다. 때때로 단순히 삶을 살고 작은 것들을 즐기는 것만으로도 충분할 수 있다.

한 사람으로 당신의 가치는 당신의 성취에 의해 결정되는 것이 아니라는 것을 인식하는 것이 중요하다. 당신은 단지 당신이 존재하기 때문에 가치가 있고 당신은 당신의 가치를 증명하기 위해 아무것도 할 필요가 없다. 사실 더 많은 것을 성취하기 위해 끊임없이 노력하는 것은 지치고 궁극적으로 성취감을 주지 못할 수 있다.

그렇긴 하지만 특정한 목적을 가지고 있지 않은 것과 단순히 막혔거나 성취되지 않았다고 느끼는 것을 구별하는 것은 중요하다. 만약 여러분이 목표가 없거나 동기부여가 되지 않는다고 느낀다면, 왜 그럴지도 모르는 것인지 탐구해 볼 가치가 있다. 아마도 여러분은 열정이 무엇인지 아직 모르기 때문에 혹은 실패를 두려워하기 때문에 열정을 추구하는 것이 아닐 것이다. 또는 자신의 가치관과 일치하지 않거나 목적의식을 제공하지 않는 직업이나 생활방식에 갇힐 수도 있다. 하지만 반드시 특정한 목표를 추구하지 않고도 성취감을 찾을 수 있는 많은 방법들이 있다. 다음은 몇 가지 제안 사항이다.

다른 사람들과 연결하기: 관계는 성취와 의미의 주요 원천이 될 수 있다. 친구들과 가족들에게 연락하거나 자원봉사를 하거나 클럽이나 그룹에 가입하는 것을 고려해보라.

취미 활동하기: 흥미와 취미를 추구하는 것은 특정한 성취로 이어지지 않더라도 목적의식과 즐거움을 제공할 수 있다.

마음챙김 연습: 그 순간에 존재하고 인식하는 것은 여러분이 일상적인 경험에서 만족감과 의미를 찾도록 도울 수 있다.

다른 사람들을 돕기: 다른 사람들의 행복에 기여하는 것은 목적의식과 만족감을 제공할 수 있다.

궁극적으로 무엇이 그들에게 성취감과 의미를 가져다 주는지 결정하는 것은 각 개인에게 달려 있다. 어떤 사람들에게는 이것이 특정한 목표나 열정을 추구하는 것을 의미할 수도 있고 다른 사람들에게는 단순히 현재의 순간을 즐기는 것을 의미할 수도 있다. 목적을 찾는 올바른 방법은 없으며 자신의 페이스대로 일을 진행해도 괜찮다는 것을 인식하는 것이 핵심이다.

—

When it comes to finding purpose in life, there's often a lot of pressure to do something. We're told to set goals, pursue our passions, and make the most of our time. But what if you don't feel driven by a particular passion or have a clear idea of what you want to achieve? What if you're simply content with your current situation and don't feel the need to change anything?

Contrary to popular belief, it's perfectly okay to not have a burning desire to accomplish something specific. Not everyone needs to be an overachiever, and not everyone needs to have a clear purpose to be happy. Sometimes, simply living life and enjoying the little things can be enough.

It's important to recognize that your worth as a person is not determined by your accomplishments. You are valuable simply because you exist, and you don't need to do anything in order to prove your worth. In fact, constantly striving to achieve more can be exhausting and ultimately unfulfilling.

That being said, it's important to distinguish between not having a specific purpose and simply feeling stuck or unfulfilled. If you find yourself feeling aimless or unmotivated, it's worth exploring why that might be the case. Perhaps you're not pursuing your passions because you don't know what they are yet, or because you're afraid of failure. Alternatively, you might be stuck in a job or lifestyle that doesn't align with your values or provide a sense of purpose.

If you do feel like you're lacking direction, there are still plenty of ways to find fulfillment without necessarily pursuing a specific goal. Here are a few suggestions:

Connect with others: Relationships can be a major source of fulfillment and meaning. Reach out to friends and family, or consider volunteering or joining a club or group.

Engage in hobbies: Pursuing interests and hobbies can provide a sense of purpose and enjoyment, even if they don't lead to any specific accomplishments.

Practice mindfulness: Being present and aware in the moment can help you find contentment and meaning in everyday experiences.

Help others: Contributing to the well-being of others can provide a sense of purpose and satisfaction.

Ultimately, it's up to each individual to determine what brings them fulfillment and meaning. For some, this might mean pursuing a specific goal or passion, while for others, it might mean simply enjoying the present moment. The key is to recognize that there is no one "right" way to find purpose, and that it's okay to take things at your own pace.

5 장

당신의 목적의식은 어디에 기준하고 있는가?

해당 일러스트는 책의 제목 목차, 주제를 AI에게 전달하고 받은 표지 일러스트 시안입니다.

삶의 목적을 찾는 것은 개인적인 여행이며 개인적으로 성취하기를 원하는 것을 추구하는 것을 포함한다. 목적의식은 때때로 이기적인 것으로 여겨질 수 있지만 그것이 반드시 부정적인 것일 필요는 없다. 목적은 우리의 독특한 경험과 관점에 기초하고 있으며 이것이 삶에 원동력이 될 수 있다는 것을 이해하는 것이 중요하다.

그렇다면 인생에서 정말 중요한 것은 무엇일까? 이 질문에 대한 답은 사람마다 다르지만 일반적으로 경험, 배운 것, 그리고 주변 사람들과의 관계는 삶에서 가장 중요한 것들 중 일부이다. 자신에게 정말로 중요한 것이 무엇인지를 확인하고 다른 방해물보다 그러한 것들을 우선시하는 것이 중요하다.

삶에서 목적을 찾는 것은 대가를 지불해야 하며 이것은 시간, 노력 또는 희생의 형태가 될 수 있다. 하지만 지불하는 대가는 궁극적으로 목표를 달성했을 때 받는 보상의 가치가 있다. 자신의 목표에 효과적으로 도달하기 위해 돈, 시간, 열정의 균형을 맞추고 그것들을 적절하게 투자해야 한다.

성공은 목표를 추구하기 위해 모을 수 있는 힘의 크기에 비례한다. 목적을 달성하기 위해서는 상당한 시간과 노력이 필요하며 그 힘을 지속적으로 유지해야 한다. 우리는 원하는 모든 것을 바로 이룰 수 없을지도 모르지만 목표를 향해 자신을 계속 밀고 나가는 것이 중요하다는 것을 기억해야 한다.

우리가 성취하는 결과만큼이나 행동하는 방식도 중요하다. 목적을 달성하기 위해서 우리는 필요한 조치를 취해야 한다. 만약 어떤 행동을 취해야 할지 확실하지 않다면 최선의 행동 방침에 대한 통찰력을 얻기 위해 조언을 구하거나 책을 읽는 것이 좋은 생각이다. 또한 목적지를 향한 여정이 목적지만큼이나 중요하다는 것을 기억해야 한다.

인생에서 목적을 찾는 것은 독특한 경험과 관점에 기초한다. 대가를 치러야 할지 모르지만 목표를 달성했을 때 가치가 있다. 목표에 효과적으로 도달하기 위해 돈, 시간, 열정의 균형을 맞추고 그것들을 적절하게 투자해야 한다. 성공은 목표를 추구하기 위해 모을 수 있는 힘의 크기에 비례하며 우리가 어떻게 행동하느냐는 결과만큼이나 중요하기 때문이다. 목적을 향한 여정은 목적지만큼이나 중요하며 목표에 도달하기 위해 계속해서 자신을 밀어붙여야 한다는 것을 기억하라.

Finding the purpose of life is a personal journey, and it often involves pursuing what we individually want to achieve. Our sense of purpose may sometimes be considered selfish, but it doesn't necessarily have to be a negative thing. It's important to understand that our purpose is based on our unique experiences and perspectives, and this can be a driving force in our lives.

So, what is really important in life? The answer to this question varies from person to person, but in general, our experiences, what we have learned, and our relationships with those around us are some of the most important things in life. It's crucial to identify what truly matters to us and to prioritize those things over other distractions.

Finding our purpose in life requires us to pay a price, and this could be in the form of time, effort, or sacrifice. But the price we pay is ultimately worth the reward we receive when we achieve our goals. We need to balance our money, time, and passion, and invest them properly to reach our goals effectively.

Success is proportional to the size of the strength we can

muster to pursue our goals. Achieving our purpose requires a considerable amount of time and effort, and we need to sustain that strength to keep going. We should remember that we might not be able to achieve everything we want right away, but it's crucial to keep pushing ourselves towards the goal.

The way we act is as important as the result we achieve. To achieve our purpose, we must take the necessary actions to reach our goals. If we're not sure which actions to take, it's a good idea to seek advice or read a book to gain some insight into the best course of action. We should also remember that the journey towards our purpose is just as important as the destination.

Finding our purpose in life is based on our unique experiences and perspectives. We may have to pay a price, but it's worth it when we achieve our goals. We should balance our money, time, and passion, and invest them properly to reach our goals effectively. Success is proportional to the size of the strength we can muster to pursue our goals, and how we act is as important as the result. Remember that the journey towards our purpose is just as important as the destination, and we should keep pushing ourselves to reach our goals.

28. 당신의 목적은 그저 이기적일 뿐이다 - 그렇다고 문제될 건 없다

인생에서 자신의 목적을 찾는다는 개념은 역사를 통해 광범위하게 논의되어 온 주제다. 많은 사람들이 그들의 목적이 사심이 없거나 이타적인 것이어야 한다고 믿는 반면, 한 사람의 목적이 단지 이기적이라는 생각은 최근 몇 년 동안 설득력을 얻었다. 이러한 관점은 개인의 행복과 성취의 추구가 더 큰 선에 기여하는지 여부와 상관없이 주요 초점이 되어야 한다고 제안한다.

자신의 목적이 단지 이기적인 것이라고 주장하는 사람들은 종종 행복의 추구가 인간의 근본적인 필요라고 지적한다. 이러한 관점에서 볼 때 성취감 있는 삶을 살기 위해서는 개인적인 필요와 욕구를 우선시하는 것이 필수적이다. 무엇이 우리를 행복하게 하는가에 초점을 맞추면 우리 자신을 위해 더 의미 있고 목적 있는 존재를 만들 수 있다.

게다가 이 견해의 지지자들은 행복과 성취에 대한 우리의 추구가 궁극적으로 다른 사람들에게도 이익이 될 수 있다고 주장한다. 행복하고 성취감을 줌으로 주변 사람들에게 긍정적인 영향을 줄 수 있고 어쩌면 그들이 자신의 목적을 찾고 자신의 행복을 추구하도록 영감을 줄 수도 있다. 이것은 모든 사람들에게 더 큰 행복과 성취로 이어질 수 있는 파급 효과를 만들 수 있다.

하지만 어떤 사람들은 개인의 행복과 성취에 초점을 맞추는 것이 이기적이고 자기 중심적인 존재로 이어질 수 있다고 주장할 수 있다. 그들은 진정한 목적과 의미는 다른 사람들을 돕거나 공동의 목표를 향해 노력하는 것과 같이 더 큰 선을 섬김으로써만 찾을 수 있다고 믿을 수 있다.

더 큰 선에 기여하는 것이 확실히 중요하지만 그 과정에서 우리 자신의 행복과 성취감을 희생할 필요는 없다. 사실 우리는 종종 우리 스스로 행복하고 만족할 때 다른 사람들을 더 잘 섬길 수 있다. 우리 자신의 필요와 욕구를 우선시함으로 우리는 주변 사람들의 필요를 더 잘 충족시킬 수 있다.

우선순위 사이의 균형을 찾음으로 우리는 우리 자신과 주변 사람들을 위해 더 목적적이고 의미 있는 존재를 만들 수 있다.

—

The concept of finding one's purpose in life is a topic that has been discussed extensively throughout history. While many people believe that their purpose should be something selfless or altruistic, the idea that one's purpose is just selfish has gained traction in recent years. This view suggests that the pursuit of individual happiness and fulfillment should be the primary focus, regardless of whether it serves a greater good.

Those who argue that one's purpose is just selfish often point out that the pursuit of happiness is a fundamental human need. From this perspective, it is essential to prioritize our individual needs and desires in order to lead a fulfilling life. By focusing on what makes us happy, we can create a more meaningful and purposeful existence for ourselves.

Moreover, proponents of this view argue that our pursuit

of happiness and fulfillment can ultimately benefit others as well. By being happy and fulfilled, we can positively influence those around us, and perhaps even inspire them to find their own purpose and pursue their own happiness. This can create a ripple effect that can lead to greater happiness and fulfillment for everyone.

However, some may argue that a focus on individual happiness and fulfillment can lead to a selfish, self-centered existence. They may believe that true purpose and meaning can only be found by serving a greater good, such as helping others or working towards a common goal.

While it is certainly important to contribute to the greater good, it is not necessary to sacrifice our own happiness and fulfillment in the process. In fact, we are often better able to serve others when we are happy and fulfilled ourselves. By prioritizing our own needs and desires, we can better serve the needs of those around us.

By finding a balance between these two priorities, we can

create a more purposeful and meaningful existence for ourselves and those around us.

29. 삶에서 정말 중요한 것은 무엇인가?

삶의 목적에 대한 탐구는 종종 한 가지 근본적인 질문으로 요약된다. 삶에서 정말 중요한 것이 무엇인가? 이것은 역사를 통해 문화와 세대에 걸쳐 사람들이 질문해온 질문이다. 답하기 어려울 수 있는 질문이지만 충실하고 의미 있는 삶을 살기 위해 탐구할 가치가 있는 질문이다.

인생에서 정말 중요한 것의 핵심은 가치관이다. 가치는 우리에게 가장 중요한 원칙이나 신념이다. 그것들은 우리의 행동, 결정, 궁극적으로 목적의식을 안내한다. 그러한 가치는 문화, 종교, 개인적인 경험, 그리고 관계와 같은 다양한 요소들에 의해 영향을 받을 수 있다. 그렇게 많은 사람들이 소중히 여기는 몇 가지 공통된 가치들은 가족, 사랑, 건강, 그리고 행복을 포함한다. 이러한 가치들은 종종 상호 연관되어 있고 그것들은 만족스러운 삶을 위한 기초를 제공할 수 있다. 예를 들어 가족 구성원들과의 강한 사랑과 연결감은 우리의 전반적인 행복과 행복에 기여할 수 있다.

하지만 인생에서 정말 중요한 것이 무엇인지에 대한 질문은 매우 주관적일 수 있다. 한 사람에게 중요한 것은 다른 사람에게 중요하지 않을 수도 있다. 개개인이 자신의 가치와 우선순위를 성찰하는 것이 중요한 이유다.

고려해야 할 또 다른 중요한 요소는 목적의 역할이다. 가치가 기초를 제공하는 반면, 목적은 우리가 노력하는 가장 중요한 목표다. 목적은 우리의 존재 이유 또는 행동의 원동력으로 생각될 수 있다. 그것은 우리의 삶에 의미와 방향을 주는 것이다.

자신의 목적을 찾는 것은 도전적이고 지속적인 과정일 수 있지만 그것은 추구할 가치가 있는 과정이다. 우리의 목적은 열정, 흥미, 재능뿐만 아니라 가치에 의해 영향을 받을 수 있다. 우리의 가치와 진정한 자아에 부합하는 목적을 찾을 때, 우리는 깊은 성취감과 만족감을 경험할 수 있는 것이다.

가치와 목적 외에도 인생에서 정말 중요한 것의 또 다른 중요한 측면은 관계다. 우리 삶의 사람들은 우리의 행복과 목적의식에 중요한 영향을 미칠 수 있다. 가족, 친구, 그리고 공동체와의 긍정적인 관계를 기르는 것은 소속감과 연결감을 제공할 수 있다.

마지막으로 사회적 압력, 문화적 기대 등 외부 요인의 역할을 인정하는 것이 중요하다. 이러한 요소들을 인식하는 것도 중요하지만 자신의 가치와 목적이 결정과 행동을 이끌어야 한다는 것을 기억하는 것도 마찬가지로 중요하다.

요약하자면 인생에서 정말 중요한 것이 무엇인지에 대한 질문은 매우 개인적이고 주관적인 것이다. 하지만 자신의 가치를 반성하고 목적을 찾고 긍정적인 관계를 기르고 자신에게 진실함으로 성취감 있고 의미 있는 삶을 만들 수 있다.

—

The search for the purpose of life often boils down to one fundamental question: what is really important in life? This is a question that has been asked by people throughout history, across cultures and generations. It is a question that can be difficult to answer, but one that is worth exploring in order to live a fulfilling and meaningful life.

At the core of what is really important in life is the idea

of values. Values are the principles or beliefs that are most important to us. They guide our behavior, our decisions, and ultimately, our sense of purpose. Our values can be influenced by a variety of factors, such as culture, religion, personal experiences, and relationships.

Some common values that many people hold dear include family, love, health, and happiness. These values are often interrelated, and they can provide a foundation for a fulfilling life. For example, a strong sense of love and connection with family members can contribute to our overall happiness and well-being.

However, the question of what is really important in life can be highly subjective. What may be important to one person may not be important to another. This is why it is important for each individual to reflect on their own values and priorities.

Another important factor to consider is the role of purpose. While values provide a foundation, purpose is the overarching goal that we strive for. Purpose can be thought of as the reason for our existence or the driving force behind our actions. It is what gives our life meaning and direction.

Finding one's purpose can be a challenging and ongoing process, but it is one that is worth pursuing. Our purpose can be influenced by our values, as well as our passions, interests, and talents. When we find a purpose that aligns with our values and our true self, we can experience a deep sense of fulfillment and satisfaction.

In addition to values and purpose, another important aspect of what is really important in life is relationships. The people in our lives can have a significant impact on our well-being and our sense of purpose. Nurturing positive relationships with family, friends, and community can provide a sense of belonging and connection.

Finally, it is important to acknowledge the role of external factors, such as societal pressures and cultural expectations. While it is important to be aware of these factors, it is equally important to remember that our own values and purpose should guide our decisions and actions.

In summary, the question of what is really important in life is a deeply personal and subjective one. However, by reflecting on our values, finding our purpose, nurturing positive relationships, and being true to ourselves, we can create a fulfilling and meaningful life.

30. 지불해야 할 대가는 치러야 한다

삶의 목적과 의미를 추구하기 위해서는 종종 희생과 노력이 필요하다. 가치 있는 것을 성취하기 위해서는 기꺼이 대가를 치러야 한다는 일반적인 믿음이 있다. 이것은 더 큰 목표를 달성하기 위해 시간, 노력 또는 심지어 개인적인 욕망을 희생하는 것을 포함할 수 있다.

자신이 치러야 할 대가를 치러야 한다는 생각은 개인적인 관계에서부터 직업적인 성공에 이르기까지 삶의 많은 영역에서 볼 수 있다. 예를 들어, 건강하고 성취감 있는 관계를 이루기 위해 개인들은 두 파트너의 이익을 위해 타협과 희생을 해야 할 수도 있다. 직장에서, 개인들은 직업적인 성공을 달성하기 위해 오랜 시간을 들이고 개인적인 희생을 해야 할 수도 있다.

하지만 목표에 대한 대가를 치르는 것이 항상 쉬운 것은 아니다. 그것은 많은 결단력, 끈기, 그리고 회복력을 필요로 할 수 있다. 그것은 또한 위험을 감수하고 자신의 편안한 영역을 벗어나려는 의지를 필요로 할 수도 있다.

자신의 목표에 대한 대가를 지불하는 핵심 요소 중 하나는 명확한 목적의식을 갖는 것이다. 개인이 목적의식이 강할 때 그들은 그들의 목표를 달성하기 위해 기꺼이 희생할 가능성이 더 높다. 목적은 장애물을 극복하고 도전을 견뎌내는 데 필요한 동기와 추진력을 제공할 수 있기 때문이다.

또 다른 중요한 요소는 마음가짐이다. 목표에 대한 대가를 치를 수 있는 이들은 성장 마인드를 갖는 경우가 많은데 이는 노력과 경험을 통해 배우고 성장할 수 있는 능력에 대한 믿음이 특징이다. 이러한 사고방식을 통해 개인은 도전을 성장의 기회로 보고 탄력성과 결단력으로 장애물에 접근할 수 있다.

자신의 목표에 대한 대가를 지불하는 것이 항상 선형적인 과정은 아니라는 것을 인정하는 것 또한 중요하다. 도중에 좌절, 실패, 예상치 못한 도전이 있을 수 있다. 그러나 이러한 도전은 성장과 학습의 기회로 볼 수 있다. 이러한 도전들을 수용하고 그것들을 통해 지속함으로 개인들은 그들의 목표를 달성하는 데 필요한 기술과 회복력을 개발할 수 있는 것이다.

결론적으로 자신이 치러야 할 대가를 치러야 한다는 생각은 삶의 목적과 의미를 추구하는 데 있어 근본적인 개념이다. 희생을 하고 장애물을 극복하는 것은 어려울 수 있지만, 명확한 목적의식, 성장 마인드, 도전을 포용하려는 의지를 갖는 것은 개인이 목표를 달성하고 성취감 있고 의미 있는 삶을 만들 수 있도록 도울 수 있을 것이다.

—

The pursuit of purpose and meaning in life often requires sacrifice and hard work. There is a commonly held belief that in order to achieve something of value, one must be willing to pay the price. This can include sacrificing time, effort, or even personal desires in order to achieve a greater goal.

The idea that you have to pay the price you have to pay can be seen in many areas of life, from personal relationships to professional success. In order to achieve a healthy, fulfilling relationship, for example, individuals may need to make compromises and sacrifices for the benefit of both partners. In the workplace, individuals may need to put in long hours and make personal sacrifices in order to achieve professional success.

However, paying the price for one's goals is not always easy. It can require a great deal of determination, persistence, and resilience. It may also require a willingness to take risks and step outside of one's comfort zone.

One of the key factors in paying the price for one's goals is having a clear sense of purpose. When an individual has a strong sense of purpose, they are more likely to be willing to make sacrifices in order to achieve their goals. Purpose can provide the motivation and drive necessary to overcome obstacles and persevere through challenges.

Another important factor is mindset. Those who are able to pay the price for their goals often have a growth mindset, which is characterized by a belief in the ability to learn and grow through effort and experience. This mindset allows individuals to view challenges as opportunities for growth and to approach obstacles with resilience and determination.

It is also important to acknowledge that paying the price for one's goals is not always a linear process. There may be setbacks, failures, and unexpected challenges along the way. However, these challenges can be viewed as opportunities for growth and learning. By embracing these challenges and persisting through them, individuals can develop the skills and resilience necessary to achieve their goals.

In conclusion, the idea that you have to pay the price you have to pay is a fundamental concept in the pursuit of purpose and meaning in life. While it can be challenging to make sacrifices and overcome obstacles, having a clear sense of purpose, a growth mindset, and a willingness to embrace challenges can help individuals achieve their goals and create a fulfilling and meaningful life.

31. 돈과 시간, 열정을 적절히 안배하라

인생에서 목적을 추구하는 것은 종종 세 가지 핵심 요소를 필요로 한다. 바로 돈, 시간, 열정 사이의 미묘한 균형이다. 충실하고 목적적인 삶을 살기 위해서는 이러한 요소들을 적절히 정리하고 자신의 가치관과 목적의식에 부합하는 방향으로 우선순위를 정하는 것이 중요하다.

돈은 우리의 열정을 추구하고 우리의 시간을 최대한 활용하는 데 필요한 자원을 제공하기 때문에 우리의 많은 목표를 달성하는 데 중요한 요소이다. 하지만 우리의 가치와 목적의식에 맞는 방식으로 돈의 우선순위를 정하는 것이 중요하다. 어떤 사람들은 자신의 열정을 추구하기 위해 일정 수준의 수입을 얻는 것을 우선시하는 반면, 어떤 사람들은 재정적 안정이 최우선일 수 있다. 궁극적으로 돈이 우리 삶에서 어떤 역할을 하는지 성찰하고 재정적 우선순위를 우리의 목적의식에 맞추는 것이 중요하다.

시간은 삶의 목적과 의미를 찾는 또 다른 중요한 요소다. 어떻게 시간을 보내기로 선택했는지는 행복과 성취감에 큰 영향을 미칠 수 있다. 가치와 열정에 맞는 방식으로 시간을 우선시하는 것이 중요하다. 이것은 즐거움과 성취감을 주는 활동을 위한 시간을 따로 두는 것을 의미할 수도 있고 직업적이거나 개인적인 목표를 추구하는 데 시간을 할애하는 것을 의미할 수도 있다.

열정은 아마도 삶의 목적을 찾는 데 가장 중요한 요소일 것이다. 열정은 의미와 성취감을 주는 것이고 그것들은 삶에 방향과 목적을 제공할 수 있다. 하지만 열정을 재정적, 시간적 제약과 일치하는 방식으로 우선시하는 것이 중요하다. 이것은 열정을 직업적인 삶이나 개인적인 삶에 통합하는 방법을 찾는 것을 의미할 수도 있고 다른 의무에도 불구하고 열정을 추구하는 창의적인 방법을 찾는 것을 의미할 수도 있다.

돈, 시간, 열정을 정리할 때는 개인으로서 자신에게 맞는 균형을 찾는 것이 중요하다. 이것은 다른 분야에 우선순위를 매기기 위해 한 분야에서 희생을 하는 것을 의미할 수 있다.

예를 들어 그것은 직장 밖에서 열정을 추구하기 위해 성취도가 낮은 일을 하는 것을 의미할 수도 있고 재정적 안정을 얻기 위해 특정 활동을 희생하는 것을 의미할 수도 있다.

궁극적으로 돈, 시간, 열정을 적절히 배열하는 열쇠는 개인으로서 가장 중요한 것이 무엇인지를 성찰하는 것이다. 우리의 재정적 우선순위, 시간 약속, 그리고 열정을 가치와 목적의식과 일치시킴으로 더 성취감 있고 의미 있는 삶을 만들 수 있다. 이것은 어려운 선택과 희생을 요구할 수도 있지만 최종 결과는 진정한 자아와 목적의식에 더 부합하는 삶이 될 수 있다.

—

The pursuit of purpose in life often requires a delicate balance between three key factors: money, time, and passion. In order to live a fulfilling and purposeful life, it is important to arrange these factors properly and prioritize them in a way that aligns with one's values and sense of purpose.

Money is a critical factor in achieving many of our goals, as it provides the resources necessary to pursue our passions and make the most of our time. However, it is important to prioritize money in a way that aligns with our values and sense of purpose. For some individuals, financial security may be the top priority, while others may prioritize earning a certain level of income in order to pursue their passions. Ultimately, it is important to reflect on what role money plays in our lives and to align our financial priorities with our sense of purpose.

Time is another critical factor in finding purpose and meaning in life. How we choose to spend our time can have a significant impact on our well-being and sense of fulfillment. It is important to prioritize our time in a way that aligns with our values and passions. This may mean setting aside time for activities that bring us joy and fulfillment, or it may mean dedicating time to pursuing professional or personal goals.

Passion is perhaps the most important factor in finding purpose in life. Our passions are the things that give us a sense of meaning and fulfillment, and they can provide direction and purpose in our lives. However, it is important to prioritize our passions in a way that aligns with our financial and time constraints. This may mean finding ways to incorporate our passions into our professional or personal lives, or it may mean finding creative ways to pursue our passions despite other obligations.

When arranging money, time, and passion, it is important to find a balance that works for us as individuals. This may mean making sacrifices in one area in order to prioritize another. For example, it may mean working a job that is less fulfilling in order to pursue a passion outside of work, or it may mean sacrificing certain activities in order to achieve financial stability.

Ultimately, the key to arranging money, time, and passion properly is to reflect on what is most important to us as individuals. By aligning our financial priorities, time commitments, and passions with our values and sense of purpose, we can create a more fulfilling and meaningful life. This may require making difficult choices and sacrifices, but the end result can be a life that is more aligned with our true selves and our sense of purpose.

32. 성공은 지속해 나아가는 힘의 크기에 비례한다

삶의 목적과 의미의 추구는 종종 많은 노력과 끈기를 필요로 한다. 좌절과 장애물 앞에서 목표에 동기부여를 하고 집중하는 것은 어려울 수 있다. 그러나 인생에서의 성공은 종종 계속되는 힘의 크기에 비례하는데 이것은 도전을 통해 지속되고 그들의 목표를 향해 계속해서 일할 수 있는 사람들이 장기적으로 성공을 이룰 가능성이 더 높다는 것을 의미한다.

성공은 지속되는 힘의 크기에 비례한다는 생각은 인내의 개념에 뿌리를 두고 있다. 인내는 도전과 좌절을 통해 지속되는 능력이며 역경에 직면했을 때 결단력을 유지하고 집중하는 능력이다. 어려운 시기를 인내할 수 있는 사람들은 그들의 목표를 성취하고 그들의 삶에서 목적과 의미를 찾을 가능성이 더 높다.

인내의 비결 중 하나는 명확한 목적의식을 갖는 것이다. 개인이 목적의식이 강할 때 그들은 도전과 좌절을 통해 지속될 가능성이 더 높다. 목적은 장애물을 극복하고 장기적인 목표에 집중하는 데 필요한 동기와 추진력을 제공할 수 있다.

인내의 또 다른 중요한 요소는 성장 사고방식을 갖는 것이다. 성장 마인드는 노력과 경험을 통해 배우고 성장할 수 있는 능력에 대한 믿음으로 특징지어진다. 이러한 사고방식을 통해 개인은 도전을 성장의 기회로 보고 탄력성과 결단력으로 장애물에 접근할 수 있다.

인내가 반드시 어떤 대가를 치르더라도 도전을 밀고 나가는 것은 아니라는 것을 인정하는 것 또한 중요하다. 자신의 가치와 목적의식에 충실하기 위해 목표를 재평가하고 방향을 조정하는 것이 필요한 때가 있을 수도 있다. 그러나 이러한 상황에서도 끈기는 결단력과 집중력을 유지하는 데 중요한 역할을 할 수 있다.

마지막으로 인내는 혼자만의 추구가 아니라는 것을 기억하는 것이다. 친구, 가족, 공동체와 같은 다른 사람들의 지원은 동기를 유지하고 장기적인 목표에 집중하는 데 중요한 역할을 할 수 있다. 다른 사람들로부터 지지와 격려를 구하는 것은 개인들이 그들의 삶에서 목적의식과 방향감각을 유지하는 것을 돕는다.

성공이 지속하는 힘의 크기에 비례한다는 생각은 인내의 중요성을 강조한다. 결단력과 집중력을 유지하고 명확한 목적의식을 가지고 성장 마인드를 채택하고 다른 사람들로부터 지지를 구함으로 개인은 도전을 통해 지속될 수 있고 그들의 장기적인 목표를 달성할 수 있기 때문이다. 인내가 때때로 도전적일 수도 있지만 그것은 궁극적으로 더 성취감 있고 의미 있는 삶으로 이어질 수 있다.

—

The pursuit of purpose and meaning in life often requires a great deal of effort and persistence. It can be challenging to stay motivated and focused on our goals in the face of setbacks and obstacles. However, success in life is often proportional to the magnitude of the force that continues, meaning that those who are able to persist through challenges and continue working towards their goals are more likely to achieve success in the long run.

The idea that success is proportional to the magnitude of the force that continues is rooted in the concept of perseverance. Perseverance is the ability to persist through challenges and setbacks, and to maintain a sense of determination and focus in the face of adversity. Those who are able to persevere through difficult times are more likely to achieve their goals and find purpose and meaning in their lives.

One of the keys to perseverance is having a clear sense of purpose. When an individual has a strong sense of purpose, they are more likely to be able to persist through challenges and setbacks. Purpose can provide the motivation and drive necessary to overcome obstacles and stay focused on long-term goals.

Another important factor in perseverance is having a growth mindset. A growth mindset is characterized by a belief in the ability to learn and grow through effort and experience. This mindset allows individuals to view challenges as opportunities for growth and to approach obstacles with resilience and determination.

It is also important to acknowledge that perseverance is not necessarily about pushing through challenges at all costs. There may be times when it is necessary to reassess goals and adjust course in order to stay true to one's values and sense of purpose. However, even in these situations, perseverance can play an important role in maintaining a sense of determination and focus.

Finally, it is important to remember that perseverance is not a solitary pursuit. The support of others, such as friends, family, and community, can play a critical role in maintaining motivation and staying focused on long-term goals. Seeking out support and encouragement from others can help individuals to stay on track and maintain a sense of purpose and direction in their lives.

In conclusion, the idea that success is proportional to the magnitude of the force that continues highlights the importance of perseverance. By maintaining a sense of determination and focus, having a clear sense of purpose, adopting a growth mindset, and seeking out support from others, individuals can persist through challenges and achieve their long-term goals. While perseverance may be challenging at times, it can ultimately lead to a more fulfilling and meaningful life.

33. 지금 당장은 모두 가질 수 없다

삶의 목적 추구는 종종 어려운 선택과 희생을 요구한다. 경쟁적인 우선순위의 균형을 맞추고 삶의 모든 측면에서 성취감을 찾는 것은 어려울 수 있다. 어떤 경우에는 이것은 지금 당장 모든 것을 가질 수 없다는 것을 인정하고 삶의 특정 영역을 다른 영역보다 우선시하는 것을 의미할 수도 있다.

'지금은 다 가질 수 없다'는 생각은 삶의 목적과 의미를 추구하는 데 중요한 개념이다. 우리가 언제든지 성취하거나 경험할 수 있는 것에는 한계가 있다는 인식이다. 하지만 이것이 목표나 포부를 포기하는 것을 의미하지 않는다는 것을 인정해야 한다. 오히려 그것은 현재의 순간에 가능한 것에 대해 현실적이고 가치와 목적의식에 맞는 선택을 하는 것을 의미한다.

우선순위를 정하고 어려운 선택을 하는 한 가지 핵심적인 측면은 명확한 목적의식을 갖는 것이다. 개인이 목적의식이 강할 때 그들은 그들의 목표를 더 잘 우선시하고 그들의 가치에 맞는 선택을 할 수 있다. 이것은 장기적으로 더 큰 성취를 이루기 위해 직업이나 개인적인 관계와 같은 삶의 특정한 측면에 집중하는 것을 선택하는 것을 의미할 수 있다.

어려운 선택을 할 때 또 다른 중요한 요소는 성장 마인드를 갖는 것이다. 성장 마인드는 노력과 경험을 통해 배우고 성장할 수 있는 능력에 대한 믿음으로 특징지어진다. 이러한 사고방식은 개인이 좌절과 도전을 성장의 기회로 보고 어려운 선택에 결단력과 회복력을 가지고 접근할 수 있게 해준다.

어려운 선택을 하고 삶의 특정 영역에 우선순위를 두는 것이 어렵고 불편한 과정이 될 수 있다. 그것은 특정한 열망이나 목표를 포기하거나 다른 한 분야에서 더 큰 성취를 이루기 위해 삶의 한 분야에서 희생을 해야 할 수도 있다. 하지만 현재의 순간에 가능한 것에 대해 현실적으로 생각함으로서 개인들은 삶에서 더 큰 목적과 의미를 찾을 수 있다.

또한 시간이 지남에 따라 우선순위가 바뀔 수 있다는 것을 기억해야 한다. 인생의 한 시점에서 최우선 순위가 될 수 있는 것이 미래에는 그렇게 중요하지 않을 수도 있다. 우선순위를 바꾸고 변화하는 상황에 적응해 목적의식을 계속 추구할 수 있고 시간이 지남에 따라 삶의 다른 영역에서 성취감을 찾을 수 있다.

'지금은 다 가질 수 없다'는 생각은 삶의 목적과 의미를 추구하는 개념이다. 현재의 순간에 가능한 것에 대해 현실적이고 목적의식이 뚜렷하며 성장 마인드를 채택하고 시간이 지남에 따라 변화하는 우선순위에 열려 있음으로 삶에서 더 큰 성취감과 의미를 찾을 수 있을 것이다.

—

The pursuit of purpose in life often requires making difficult choices and sacrifices. It can be challenging to balance competing priorities and find a sense of fulfillment in all aspects of life. In some cases, this may mean acknowledging that it is not possible to have it all right now, and prioritizing certain areas of life over others.

The idea that "I can't have it all right now" is an important concept in the pursuit of purpose and meaning in life. It is a recognition that there are limitations to what we can achieve or experience at any given time. However, it is important to acknowledge that this does not mean giving up on our goals or aspirations. Rather, it means being realistic about what is possible in the present moment, and making choices that are aligned with our values and sense of purpose.

One key aspect of prioritizing and making difficult choices is having a clear sense of purpose. When an individual has a strong sense of purpose, they are better able to prioritize their goals and make choices that align with their values. This may mean choosing to focus on a particular aspect of life, such as career or personal relationships, in order to achieve greater fulfillment in the long run.

Another important factor in making difficult choices is having a growth mindset. A growth mindset is characterized by a belief in the ability to learn and grow through effort and experience. This mindset allows individuals to view setbacks and challenges as opportunities for growth, and to approach difficult choices with a sense of determination and resilience.

It is also important to acknowledge that making difficult

choices and prioritizing certain areas of life can be a difficult and uncomfortable process. It may require letting go of certain aspirations or goals, or making sacrifices in one area of life in order to achieve greater fulfillment in another. However, by being realistic about what is possible in the present moment, individuals can find a greater sense of purpose and meaning in their lives.

In addition, it is important to remember that priorities can shift over time. What may be a top priority at one point in life may not be as important in the future. By being open to shifting priorities and adapting to changing circumstances, individuals can continue to pursue their sense of purpose and find fulfillment in different areas of life over time.

The idea that "I can't have it all right now" is an important concept in the pursuit of purpose and meaning in life. By being realistic about what is possible in the present moment, having a clear sense of purpose, adopting a growth mindset, and being open to shifting priorities over time, individuals can make difficult choices and find a greater sense of fulfillment and meaning in their lives.

34. 어떻게 행동하느냐는 무엇을 하는가 만큼 중요하다

삶에서 목적과 의미를 추구하는 것은 단지 특정한 목표나 성취를 성취하는 것에 관한 것이 아니다. 그것은 세상에서 어떻게 행동하고 행동하는가에 관한 것이다. 행동과 태도는 주변 사람에게 큰 영향을 미칠 수 있기 때문에 자신이 어떻게 행동하는지는 무엇을 하는 것만큼 중요하다.

행동하는 방식의 한 가지 핵심적인 측면은 자신의 성격이다. 성격은 우리가 누구인지 그리고 세상과 어떻게 상호작용하는지를 정의하는 자질과 속성의 집합이다. 이것은 정직, 성실, 동정심, 그리고 공감과 같은 특성들을 포함할 수 있다. 강한 인격을 함양함으로 다른 사람들과 긍정적인 관계를 형성하고 세상에 의미 있는 기여를 할 수 있다. 어떻게 행동하는지에 대한 또 다른 중요한 측면은 우리의 태도다. 태도는 다른 사람들에게 어떻게 인식되는지 뿐만 아니라, 세상을 어떻게 경험하는지에 영향을 미친다. 낙관주의, 회복력, 그리고 배움에 대한 의지로 특징지어지는 긍정적인 태도는 도전을 극복하고 목표를 성취하도록 돕는다.

반대로 냉소주의, 비관주의, 그리고 동기부여의 부족으로 특징지어지는 부정적인 태도는 성취감 있고 목적있는 삶을 사는 것을 방해할 수 있다. 어떻게 행동하는지 또한 가치와 신념과 밀접하게 연관되어 있다. 가치와 신념은 세상을 어떻게 보고 다른 사람들과 어떻게 상호작용하는지를 형성한다. 행동을 자신의 가치와 신념과 일치시킴으로서 주변 사람들의 행복에 기여하는 동시에 더 진실하고 성취감 있는 삶을 살게 되길 바란다.

자신이 어떻게 행동하는지가 단지 개인적인 행동에 관한 것이 아니라 다른 사람들과 어떻게 상호작용하는지에 관한 것이라는 것을 인정하는 태도는 필수다. 우리의 행동은 우리의 말, 행동, 태도를 통해서든 우리 주변 사람들의 행복에 상당한 영향을 미칠 수 있다. 다른 사람들과 긍정적인 관계를 형성하고 그들을 존경과 연민으로 대함으로서 우리는 세계에 의미 있는 기여를 할 수 있다.

결국 우리가 무엇을 하느냐에 못지않게 우리가 어떻게 행동하느냐가 중요하다는 생각은 삶의 목적과 의미를 추구하는 데 있어 중요한 개념이다. 강한 인격을 배양하고 긍정적인 태도를 유지하며 행동을 가치와 신념에 맞추고 존중과 연민으로 다른 사람들을 대함으로서 주변의 세상에 긍정적인 영향을 주는 동시에 더 성취감 있고 목적 있는 삶을 살 수 있다.

—

The pursuit of purpose and meaning in life is not just about achieving certain goals or accomplishments; it is also about how we behave and conduct ourselves in the world. In many cases, how we behave is just as important as what we do, as our actions and attitudes can have a significant impact on our well-being and the well-being of those around us.

One key aspect of how we behave is our character. Our character is the set of qualities and attributes that define who we are and how we interact with the world. This may include traits such as honesty, integrity, compassion, and empathy. By cultivating a strong character, we can build positive relationships with others and make a meaningful contribution to the world.

Another important aspect of how we behave is our attitude. Our attitude can have a significant impact on how we experience the world, as well as how we are perceived by others. A positive attitude, characterized by optimism, resilience, and a willingness to learn, can help us to overcome challenges and achieve our goals. Conversely, a negative attitude, characterized by cynicism, pessimism, and a lack of motivation, can hold us back and prevent us from living a fulfilling and purposeful life.

How we behave is also closely tied to our values and beliefs. Our values and beliefs shape how we see the world and how we interact with others. By aligning our behavior with our values and beliefs, we can live a more authentic and fulfilling life, while also contributing to the well-being of those around us.

It is also important to acknowledge that how we behave is not just about our individual actions, but also about how we interact with others. Our behavior can have a significant impact on the well-being of those around us, whether it is through our words, actions, or attitudes. By cultivating positive relationships with others and treating them with respect and compassion, we can make a meaningful contribution to the world.

In conclusion, the idea that how we behave is as important as what we do is a critical concept in the pursuit of purpose and meaning in life. By cultivating a strong character, maintaining a positive attitude, aligning our behavior with our values and beliefs, and treating others with respect and compassion, we can live a more fulfilling and purposeful life, while also making a positive impact on the world around us.

35. 과정은 결과만큼 중요하다

삶의 목적과 의미를 추구하는 것은 종종 목표를 설정하고 목표를 향해 일하는 것을 포함한다. 하지만 이러한 목표를 향해 일하는 과정이 궁극적인 결과만큼이나 중요하다. 많은 경우 목표에 접근하는 방식과 목표를 달성하기 위한 여정은 최종 결과만큼이나 성취감 있고 의미 있을 수 있다. 결과보다 프로세스를 중요시하는 핵심 측면 중 하나는 성장 마인드를 채택하는 것이다. 성장 마인드는 노력과 경험을 통해 배우고 성장할 수 있는 능력에 대한 믿음으로 특징지어진다. 우리가 성장 마인드로 목표에 접근할 때 우리는 최종 결과에만 집중하기보다는 목표를 향해 노력하는 과정에서 오는 학습과 성장에 집중할 가능성이 더 높다.

결과보다 과정을 중시하는 또 다른 중요한 측면은 마음챙김을 기르는 것이다. 마음챙김은 판단이나 산만함 없이 그 순간에 완전히 존재하는 것을 포함한다. 마음챙김으로 목표에 접근함으로 목표를 달성하기 위해 자신의 여정을 더 완전히 감사할 수 있고 그 과정에서 더 큰 성취감과 의미를 찾을 수 있다.

목표를 향해 일하는 과정이 예측할 수 없고 불확실할 수 있다는 것을 인정하는 것 또한 중요하다. 그 과정에서 좌절, 도전, 장애물을 마주칠 수도 있다. 그러나 이러한 경험을 통해 우리는 배우고 성장할 수 있는 기회를 갖게 되고 삶에서 더 큰 목적의식과 의미를 찾을 수 있게 된다.

게다가, 결과보다 과정을 중요시하는 것은 또한 일상을 구성하는 작은 순간들과 경험들에서 기쁨과 성취감을 찾는 것을 포함할 수 있다. 현재의 순간에 대한 감사와 감사의 마음을 길러줌으로 목표의 궁극적인 결과에 상관없이 삶에서 더 큰 기쁨과 성취감을 찾을 수 있기 때문이다.

결과만큼이나 과정이 중요하다는 생각은 삶의 목적과 의미를 추구하는 데 있어 결정적인 개념이다. 성장 마인드를 채택하고, 마음챙김을 기르고 목표를 향한 여정의 불확실성과 도전을 받아들이고 일상의 작은 순간에서 기쁨과 성취감을 찾음으로 더 충실하고 의미 있는 삶을 살 수 있다. 목표를 달성하는 것이 중요할 수 있지만 궁극적으로 목적의식과 성취감을 정의하는 것은 그러한 목표를 향한 여정이 되는 것이다.

—

The pursuit of purpose and meaning in life often involves setting and working towards goals. However, it is important to remember that the process of working towards these goals is just as important as the ultimate result. In many cases, the way in which we approach our goals and the journey we take towards achieving them can be just as fulfilling and meaningful as the end result.

One key aspect of valuing the process over the result is adopting a growth mindset. A growth mindset is characterized by a belief in the ability to learn and grow through effort and experience. When we approach our goals with a growth mindset, we are more likely to focus on the learning and growth that comes from the process of working towards our goals, rather than just on the end result.

Another important aspect of valuing the process over the result is cultivating a sense of mindfulness. Mindfulness involves being fully present in the moment, without judgment or distraction. By approaching our goals with a sense of mindfulness, we can more fully appreciate the journey we are taking towards achieving our goals, and find greater fulfillment and meaning in the process.

It is also important to acknowledge that the process of working towards our goals can be unpredictable and uncertain. We may encounter setbacks, challenges, and obstacles along the way. However, it is through these experiences that we have the opportunity to learn and grow, and to find a greater sense of purpose and meaning in our lives.

In addition, valuing the process over the result can also involve finding joy and fulfillment in the small moments and experiences that make up our daily lives. By cultivating a sense of gratitude and appreciation for the present moment, we can find greater joy and fulfillment in our lives, regardless of the ultimate outcome of our goals.

In conclusion, the idea that the process is as important as the result is a critical concept in the pursuit of purpose and meaning in life. By adopting a growth mindset, cultivating a sense of mindfulness, embracing the uncertainty and challenges of the journey towards our goals, and finding joy and fulfillment in the small moments of our daily lives, we can live a more fulfilling and meaningful life. While achieving our goals may be important, it is the journey towards those goals that ultimately defines our sense of purpose and fulfillment.

6 장

감정을 성공에 도움이 되는 방식으로 이용하는 방법

해당 일러스트는 책의 제목과 목차, 주제를 AI에게 전달하고 받은 표지 일러스트 시안입니다.

성공을 추구하면서 우리는 종종 감정을 억누르거나 무시하려고 노력한다. 하지만 감정은 우리가 목표를 달성하도록 도와주는 강력한 도구다. 6장에서는 성공하는 데 도움이 되는 방식으로 감정을 사용하는 방법을 탐구할 것이다.

'얼굴을 맞대고'라는 단어의 진정한 의미는 감정을 마주하고 그것들을 인정하고 그리고 나서 행동하는 것을 의미한다. 그것은 감정을 부정하는 것이 아니라 그것을 행동의 나침반으로 사용하는 것을 배우는 것에 관한 것이다.

자연 속에서도 삶의 논리를 배울 수 있다. 자연은 감정과 이성의 균형을 맞추는 방법에 대한 훌륭한 선생님이다. 태양과 비가 생명을 창조하기 위해 함께 일하는 것처럼 목표를 달성하기 위해 감정과 논리를 함께 사용하는 것을 배울 수 있다.

우리는 또한 우리 자신과 다른 사람들 모두에게 사용하는 단어들에 주의를 기울여야 한다. 긍정적인 긍정을 반복하고 힘을 주는 언어를 사용함으로 자신과 주변 사람들의 생각과 감정에 영향을 미칠 수 있기 때문이다.

명상 역시 감정을 관리하는 데 도움을 주는 유용한 도구가 될 수 있다. 규칙적인 연습을 통해 판단 없이 생각과 감정을 관찰하는 것을 배울 수 있고 이것은 우리가 그것들에 더 생산적인 방식으로 반응할 수 있게 해준다.

감정도 도움이 될 수 있지만 감정에 휘둘리지 않고 논리적인 사실만을 사용해 문제를 객관적으로 보는 법을 배워야 한다. 이 접근법은 우리가 더 합리적인 결정을 내릴 수 있게 하여 더 성공적인 결과를 이끌어낸다.

우리 자신을 포함한 모든 사람들이 편견을 가지고 있다는 것을 인식하는 것도 중요하다. 자신의 편견을 인정하고 그것을 극복하기 위해 노력함으로서 더 나은 결정을 내리고 더 강한 관계를 구축할 수 있다.

때때로 자신이 아무리 옳아도 듣지 않는 사람들은 언제나 있다. 이러한 상황에서 내면의 자신 그 자체로 존재하는 수련에 더 집중할 수 있다. 그 존재로서 더 강하게 현존함으로 사람들과 더 효과적인 의사소통과 더 강한 유대감을 형성할 수 있다. 존재감은 단순한 행동이 아니라 존재의 한 방식이다. 존재감을 구현함으로 우리는 우리의 개인적이고 직업적인 삶에서 성공하는 데 필요한 감정적 지능을 배양할 수 있다.

한 사람의 진정한 성격을 인식하는 가장 확실한 방법 중 하나는 그들에게 권위를 주는 것이다. 권력이 주어졌을 때 누군가가 어떻게 행동하는지 관찰해 보면 우리는 그의 가치와 동기를 더 잘 이해할 수 있다.

한 가지 이해할 것은 감정이 통제 불능이 될 때가 많다는 사실이다. 그런 상태는 판단력을 흐리게 하고 잘못된 의사 결정으로 이어질 수 있다. 우리의 감정이 차지하고 있는 시기를 인식함으로 우리는 한 걸음 물러서서 그 상황에 더 객관적으로 접근할 수 있다.

감정은 우리 삶의 필수적인 부분이다. 우리가 성공하는 데 도움이 되는 방식으로 그것들을 사용하는 것을 배우면서 목표를 달성하고 더 성취감 있는 삶을 살 수 있다. 감정을 억제하는 것이 아니라 논리와 이성으로 균형을 맞추는 법을 배워 더 나은 결정을 내리고 더 강한 관계를 맺을 수 있도록 하는 것이다.

In our pursuit of success, we often try to suppress or ignore our emotions. However, emotions can be powerful tools that help us achieve our goals. In Chapter 6, we will explore how to use emotions in a way that helps us succeed.

Firstly, we need to understand the true meaning of the word "face-to-face." This means facing our emotions, acknowledging them, and then taking action. It's not about denying our feelings but rather learning to use them as a compass for our actions.

Next, we can learn the logic of life in nature. Nature is an excellent teacher of how to balance our emotions with reason. Just as the sun and the rain work together to create life, we can learn to use our emotions and logic together to achieve our goals.

We should also pay attention to the words we use, both to ourselves and to others. By repeating positive affirmations and using empowering language, we can influence our thoughts and emotions in a way that helps us achieve success.

Meditation can be a useful tool in helping us manage our emotions. Through regular practice, we can learn to observe our thoughts and feelings without judgment, allowing us to respond to them in a more productive way.

While emotions can be helpful, we must also learn to look at problems objectively, using only logical facts without being swayed by our feelings. This approach allows us to make more rational decisions, leading to more successful outcomes.

It's important to recognize that everyone is prejudiced, including ourselves. By acknowledging our biases and working to overcome them, we can make better decisions and build stronger relationships.

Sometimes, there will be people who don't listen, no matter how right we may be. In these situations, we can focus on being present, both physically and emotionally. Being fully engaged in the moment can help us communicate more effectively and build stronger connections with others.

Presence is not just an act; it's a way of being. By embodying presence, we can cultivate the emotional intelligence necessary to succeed in our personal and professional lives.

One of the surest ways to recognize a person's true character is to give them authority. By observing how someone behaves when given power, we can better understand their values and motivations.

Finally, we need to be aware of when our emotions get out of control. While they can be helpful, they can also cloud our judgment and lead to poor decision-making. By recognizing when our emotions are taking over, we can take a step back and approach the situation more objectively.

Emotions are an essential part of our lives. By learning to use them in a way that helps us succeed, we can achieve our goals and live more fulfilling lives. It's not about suppressing our emotions, but rather learning to balance them with logic and reason, allowing us to make better decisions and build stronger relationships.

36. 현실을 직시하고 있다는 말의 진정한 의미

현실을 직시하는 것은 삶의 목적을 찾는 데 필수적인 단계이다. 진실을 직시하는 것은 어려울 수 있지만 현실을 인정하고 받아들여야만 앞으로 나아가 긍정적인 변화를 만들 수 있다. 이번 챕터에서는 현실을 직시하는 진정한 의미와 현실이 삶의 목적을 찾는데 어떻게 도움을 줄 수 있는지 알아본다.

현실을 직시한다는 것은 아무리 어렵거나 고통스럽더라도 우리 상황의 진실을 인정하는 것을 의미한다. 그것은 불편할 때조차도 우리 자신과 다른 사람들에게 정직할 것을 요구한다. 현실을 직시함으로서 우리는 변화가 필요한 분야를 파악하고 자신을 위해 더 나은 미래를 만들기 위한 조치를 취할 수 있다.

현실에 직면하는 가장 큰 도전 중 하나는 자신의 감정을 다루는 것이다. 어려운 감정을 부정하거나 피하는 것은 쉬울 수 있지만 이것은 문제를 연장시킬 뿐이다. 대신 우리는 감정을 건강한 방식으로 인정하고 처리하는 법을 배워야만 맑은 정신과 강한 목적의식을 가지고 앞으로 나아갈 수 있다.

현실을 직시하는 또 다른 중요한 측면은 자신의 삶을 기꺼이 책임지는 것이다. 과거를 바꿀 수는 없지만 더 나은 미래를 만들기 위한 조치를 취할 수 있다. 자신의 행동과 선택에 책임을 지면서 우리의 삶에 대한 통제감을 되찾고 긍정적인 방향으로 움직이기 시작할 수 있다.

현실을 마주하는 것은 어렵고 고통스러운 과정일 수 있지만 그것은 궁극적으로 삶의 목적과 의미를 찾기 위해 필요하다. 미국의 작가이자 시인인 마야 안젤루가 "나는 나에게 일어나는 일에 의해 변할 수 있다. 하지만 나는 그것에 의해 감소되는 것을 거부한다." 라고 말한 것처럼 현실을 직시함으로 자신의 도전적인 상황을 극복하고 이전보다 더 강하고 탄력적으로 나타날 수 있다.

—

Facing reality is an essential step in finding purpose in life. It can be difficult to confront the truth, but it is only by acknowledging and accepting reality that we can move forward and make positive changes. In this chapter, we will explore the true meaning of facing reality and how it can help us find purpose in life.

Facing reality means acknowledging the truth of our situation, no matter how difficult or painful it may be. It requires us to be honest with ourselves and others, even when it is uncomfortable. By facing reality, we can identify the areas where we need to make changes and take steps towards creating a better future for ourselves.

One of the biggest challenges of facing reality is dealing with our own emotions. It can be easy to deny or avoid difficult emotions, but this only prolongs the problem. Instead, we must learn to acknowledge and process our emotions in a healthy way, so that we can move forward with a clear mind and a strong sense of purpose.

Another important aspect of facing reality is being willing to take responsibility for our own lives. We cannot change the past, but we can take steps towards creating a better future. By taking responsibility for our own actions and choices, we can regain a sense of control over our lives and start moving in a positive direction.

Facing reality can be a difficult and painful process, but it is ultimately necessary for finding purpose and meaning in our lives. As American author and poet Maya Angelou once said, "I can be changed by what happens to me. But I refuse to be reduced by it." By facing reality, we can overcome our challenges and emerge stronger and more resilient than before.

37. 자연에서 인생의 이치를 배우라

자연 속에서 삶의 이치를 배우는 것은 자신의 삶에서 목적과 의미를 찾는 데 도움을 줄 수 있는 귀중한 통찰력을 가르쳐 준다. 자연은 조화롭고 균형 있고 상호 연결된 작동 방식을 가지고 있다. 자연계를 연구하고 관찰하면 자신과 우리 주변의 세계와 균형을 이루고 조화롭게 사는 방법에 대한 더 나은 이해를 얻을 수 있다. 자연으로부터 배울 수 있는 가장 중요한 교훈 중 하나는 만물의 상호 연결이다. 미국의 환경운동가이자 작가인 존 뮤어가 "우리가 스스로 어떤 것을 고르려고 할 때, 우리는 그것이 우주의 다른 모든 것과 연결되어 있다는 것을 발견한다."라고 말했다. 그렇게 모든 것은 연결되어 있고 상호 의존적이며 자연계의 균형이 유지된다.

자연으로부터 배울 수 있는 또 다른 교훈은 적응과 회복력의 중요성이다. 자연계는 끊임없이 변화하고 있고 유기체는 생존하기 위해 적응해야 한다. 같은 방식으로 우리는 삶에서 도전과 변화에 직면하여 적응하고 탄력적인 견해를 가질 수 있다.

자연은 또한 우리에게 휴식과 회춘의 중요성에 대해 가르쳐준다. 동물들이 겨울잠을 자거나 식물들이 겨울잠을 자는 것처럼 우리도 에너지를 보충하고 활력을 되찾기 위해 휴식과 회춘의 기간이 필요하다. 또한 자연은 우리 자신의 삶에서 목적과 의미를 찾도록 영감을 준다. 자연에서 시간을 보내는 것이든 환경을 보호하기 위해 일하는 것이든 우리는 자연계와 연결됨으로서 목적의식과 성취감을 찾을 수 있다.

결론적으로 자연 속에서 생명의 이치를 배우는 것은 우리 자신의 삶에서 목적과 의미를 찾는 강력한 도구가 될 수 있다. 자연계를 연구하고 관찰함으로서 자신과 우리 주변의 세계와 균형을 이루고 조화롭게 사는 방법에 대한 더 나은 이해를 얻을 수 있다. 미국의 작가이자 박물학자인 헨리 데이비드 소로는 이렇게 말했다, "매 계절이 지나갈 때마다 살아라. 공기를 마시고 음료를 마시고 과일을 맛보고 지구의 영향에 스스로를 체념하라."

Learning the logic of life in nature can provide us with valuable insights that can help us find purpose and meaning in our own lives. Nature has a way of operating that is harmonious, balanced, and interconnected. By studying and observing the natural world, we can gain a better understanding of how to live in balance and harmony with ourselves and the world around us.

One of the most important lessons we can learn from nature is the interconnectedness of all things. As American environmentalist and writer John Muir once said, "When we try to pick out anything by itself, we find it hitched to everything else in the Universe." In other words, everything is connected and interdependent, and we must work together to maintain the balance of the natural world.

Another lesson we can learn from nature is the importance of adaptation and resilience. The natural world is constantly changing, and organisms must adapt to survive. In the same way, we must learn to be adaptable and resilient in the face of challenges and changes in our own lives.

Nature can also teach us about the importance of rest and rejuvenation. Just as animals hibernate or plants go dormant in the winter, we too need periods of rest and rejuvenation to replenish our energy and restore our vitality.

Finally, nature can inspire us to find purpose and meaning in our own lives. Whether it's by spending time in nature or working to protect the environment, we can find a sense of purpose and fulfillment by connecting with the natural world.

In conclusion, learning the logic of life in nature can be a powerful tool for finding purpose and meaning in our own lives. By studying and observing the natural world, we can gain a better understanding of how to live in balance and harmony with ourselves and the world around us. As American writer and naturalist Henry David Thoreau once said, "Live in each season as it passes; breathe the air, drink the drink, taste the fruit, and resign yourself to the influence of the earth."

38. 사용하는 단어와 말투를 상대 입장에서 되뇌어 보라

효과적인 의사소통은 삶의 목적을 찾는 데 있어 중요한 측면이다. 의사소통의 중요한 요소 중 하나는 다른 사람의 관점에서 사물을 볼 수 있다는 것이다. 다른 사람이 사용하는 단어와 구를 반복함으로 그들의 관점을 더 잘 이해하고 더 강한 연결을 구축할 수 있다. 다른 사람의 관점에서 단어와 구절을 반복하는 것이 어떻게 삶의 목적을 찾는데 어떻게 도움이 되는지 알아 보자.

다른 사람의 말과 문구를 반복하는 것은 우리가 적극적으로 듣고 그들의 관점을 이해하려고 노력하고 있다는 것을 보여준다. 그것은 신뢰를 쌓고 더 의미 있는 대화를 만드는 데 도움이 될 수 있다. 다른 사람의 입장이 됨으로 그들의 생각, 감정, 동기를 더 잘 이해할 수 있다. 이것은 공감과 이해를 발달시켜 더 강한 관계와 더 큰 목적의식으로 이어지도록 도울 수 있다.

우리가 다른 사람의 말과 문구를 반복할 때는 자신의 어조와 몸짓에 주의할 필요가 있다. 그때 열린 마음과 배움에 대한 의지를 가지고 대화에 접근해야 한다. 다른 사람들의 말에 적극적으로 귀를 기울인 다는 것은 문제에 접근하고 더 강한 관계를 구축할 수 있는 새로운 방법을 찾을 수 있음을 의미한다.

다른 사람이 사용하는 단어와 문구를 반복하는 것은 효과적인 의사소통을 위한 강력한 도구다. 그것은 신뢰를 쌓고 공감을 얻고 분열을 해소하고 공통점을 찾는 데 도움을 줄 수 있다. 의미 있는 대화에 참여하고 다른 사람들의 말을 적극적으로 경청함으로서 의미 있는 관계를 얻기 바란다. 미국의 작가이자 철학자인 랄프 월도 에머슨은 "친구를 갖는 유일한 방법은 친구가 되는 것이다."라고 말했다. 이 인용문은 진정한 소통과 연결이 상호 이해와 공감 위에 구축된다는 것을 상기시켜준다.

–

Effective communication is a crucial aspect of finding purpose in life. One of the most important components of communication is being able to see things from another person's perspective. By repeating the words and phrases that someone else uses, we can better understand their point of view and build stronger connections. In this chapter, we will explore the importance of repeating words and phrases from another person's point of view and how it can help us find purpose in life.

Repeating someone else's words and phrases shows that we are actively listening and trying to understand their perspective. It can help build trust and create a more meaningful conversation. By putting ourselves in someone else's shoes, we can gain a better understanding of their thoughts, feelings, and motivations. This can help us develop empathy and understanding, leading to stronger relationships and a greater sense of purpose.

When we repeat someone else's words and phrases, we need to be mindful of our tone and body language. We should approach the conversation with an open mind and a willingness to learn. By actively listening to others, we can find new ways to approach problems and build stronger relationships.

In conclusion, repeating the words and phrases that someone

else uses can be a powerful tool for effective communication. It can help us build trust, gain empathy, bridge divides, and find common ground. By engaging in meaningful conversations and actively listening to others, we can find greater purpose and meaning in our lives. As American writer and philosopher Ralph Waldo Emerson once said, "The only way to have a friend is to be one." This quote reminds us that true communication and connection are built on mutual understanding and empathy.

39. 명상으로부터 얻을 수 있는 것들

명상은 삶의 목적과 의미를 찾는 강력한 도구다. 마음챙김을 연습하고 현재의 순간에 관심을 집중시키는 삶은 자신과 주변의 세계에 대한 더 나은 이해를 얻을 수 있다. 여기서 명상을 통해 얻을 수 있는 것들과 명상이 삶의 목적을 찾는데 어떻게 도움을 줄 수 있는지에 대해 알아보자.

명상의 가장 중요한 이점 중 하나는 자기 인식의 증가다. 우리의 생각, 감정, 그리고 신체적 감각에 주의를 집중함으로 자신과 우리 자신의 내면의 작용에 대한 더 나은 이해를 얻을 수 있다. 이것은 우리의 발목을 잡을 수 있는 패턴과 행동을 식별하고 삶에 긍정적인 변화를 만드는 데 도움을 줄 수 있다.

명상은 또한 다른 사람들에 대한 더 큰 공감과 이해를 발달시키는데 도움을 줄 수 있다. 동정심과 비판단적 인식을 배양함으로 다른 관점에서 세상을 보는 것을 배울 수 있고 다른 사람들과 더 강한 관계를 형성할 수 있다.

명상의 또 다른 이점은 집중력과 집중력을 증가시키는 것이다. 현재의 순간에 집중하도록 우리의 마음을 훈련시킴으로 더 큰 정신적 명료성과 생산성을 개발할 수 있다. 이것은 우리가 목표를 달성하고 삶에서 더 큰 성취감을 찾도록 도울 수 있다.

명상은 또한 스트레스와 불안을 관리하는 강력한 도구가 될 수 있다. 마음챙김과 깊은 호흡을 연습함으로 긴장을 풀고 부정적인 생각과 감정을 버리는 것을 배울 수 있다. 이런 훈련으로 부터 어려운 상황 속에서도 더 큰 내적 평화와 균형을 찾을 수 있도록 도와줄 수 있다.

또한 명상은 우리의 내면의 영적 자아와 연결되고 삶에서 더 큰 의미와 목적을 찾도록 도울 수 있다. 감사와 우주와의 연결을 배양함으로 더 깊은 목적과 성취감을 얻게 되는 것이다.

결국 명상은 삶의 목적과 의미를 찾는 귀중한 도구다. 마음챙김을 실천하고 현재의 순간에 집중함으로 더 큰 자각, 공감, 집중, 그리고 내면의 평화를 얻을 수 있다. 미국의 작가이자 철학자인 랄프 월도 에머슨이 말했듯이, “우리 뒤에 있는 것과 우리 앞에 있는 것은 우리 안에 있는 것에 비하면 작은 문제이다.”

명상의 실천을 통해 내면으로 깊이 들어가 삶의 더 큰 의미를 찾을 수 있다.

—

Meditation is a powerful tool for finding purpose and meaning in life. By practicing mindfulness and focusing our attention on the present moment, we can gain a better understanding of ourselves and the world around us. In this chapter, we will explore some of the things that we can get from meditation and how it can help us find purpose in life.

One of the most important benefits of meditation is increased self-awareness. By focusing our attention on our thoughts, feelings, and bodily sensations, we can gain a better understanding of ourselves and our own inner workings. This can help us identify patterns and behaviors that may be holding us back and make positive changes in our lives.

Meditation can also help us develop greater empathy and understanding towards others. By cultivating a sense of compassion and non-judgmental awareness, we can learn to see the world from different perspectives and build stronger relationships with others.

Another benefit of meditation is increased focus and concentration. By training our minds to focus on the present moment, we can develop greater mental clarity and productivity. This can help us achieve our goals and find greater fulfillment in our lives.

Meditation can also be a powerful tool for managing stress and anxiety. By practicing mindfulness and deep breathing, we can learn to relax and let go of negative thoughts and emotions. This can help us find greater inner peace and balance, even in the midst of challenging circumstances.

Finally, meditation can help us connect with our spiritual selves and find greater meaning and purpose in life. By cultivating a sense of gratitude and connection with the universe, we can tap into a deeper sense of purpose and fulfillment.

In conclusion, meditation is a valuable tool for finding purpose and meaning in life. By practicing mindfulness and focusing our attention on the present moment, we can gain greater self-awareness, empathy, focus, and inner peace. As American writer and philosopher Ralph Waldo Emerson once said, "What lies behind us and what lies before us are tiny matters compared to what lies within us." Through the practice of meditation, we can tap into our inner selves and find greater purpose and meaning in our lives.

40. 감정이 제거된 논리적 사실로만 문제를 바라보는 힘

감정에 흔들리지 않고 논리적 사실만으로 문제를 바라보는 힘은 삶의 목적과 의미를 찾는 데 중요한 기술이다. 감정은 종종 판단을 흐리게 하고 길을 잃게 하여 명확하고 합리적인 결정을 내리기 어렵게 만들 수 있다. 여기서 논리적인 사실만으로 문제를 바라보는 힘과 그것이 삶의 목적을 찾는 데 어떻게 도움이 되는지 알아보고자 한다.

논리적 사실만으로 문제를 바라보는 가장 중요한 이점 중 하나는 명확하고 합리적인 결정을 내릴 수 있는 능력이다. 그 방정식에서 감정을 제거함으로 상황을 객관적으로 분석하고 가장 효과적이고 효율적인 것을 바탕으로 결정을 내릴 수 있다. 이것은 삶에서 더 큰 성취감을 찾도록 도울 수 있다.

논리적인 사실만으로 문제를 바라보는 또 다른 장점은 어려운 상황을 우아하고 침착하게 처리할 수 있는 능력이다. 무릎을 꿇는 듯한 반응을 피하고 좀 더 신중한 접근을 함으로 평정심을 유지하고 자신에게 가장 이익이 되는 결정을 내릴 수 있다.

감정은 인간 경험의 필수적인 부분이고 완전히 무시되어서는 안 된다. 하지만 문제를 해결하고 결정을 내리는 데 있어서는 감정을 억제하고 논리와 이성에 의존하는 것이 중요하다.

감정을 제거하는 것이 어려울 수 있기 때문에 논리적 사실만으로 문제를 보는 것이 항상 쉬운 것은 아니다. 하지만 연습을 통해 상황을 객관적으로 분석하고 가장 효과적이고 효율적인 것을 바탕으로 결정을 내리는 데 필요한 기술을 개발할 수 있다.

때문에 논리적인 사실만으로 문제를 바라보는 힘은 삶의 목적과 의미를 찾는 데 중요한 기술이다. 그 방정식에서 감정을 제거함으로 자신에게 가장 이익이 되는 명확하고 합리적인 결정을 내릴 수 있다.

그리스 철학자 아리스토텔레스는 "어떤 생각을 받아들이지 않고 즐길 수 있는 것은 교육받은 마음의 표시이다."라고 말했다. 비판적이고 객관적으로 생각하는 법을 배움으로 삶에서 목적과 성취감을 찾는 데 필요한 기술을 개발할 수 있다는 의미다.

The power to look at problems with only logical facts, without being clouded by emotions, is a critical skill for finding purpose and meaning in life. Emotions can often cloud our judgment and lead us astray, making it difficult to make clear and rational decisions. In this chapter, we will explore the power of looking at problems with only logical facts and how it can help us find purpose in life.

One of the most important benefits of looking at problems with only logical facts is the ability to make clear and rational decisions. By removing emotions from the equation, we can analyze the situation objectively and make decisions based on what is most effective and efficient. This can help us achieve our goals and find greater fulfillment in our lives.

Another benefit of looking at problems with only logical facts is the ability to handle difficult situations with grace and composure. By avoiding knee-jerk reactions and taking a more measured approach, we can maintain our composure and make decisions that are in our best interest.

It's important to note that emotions are an essential part of the human experience and should not be dismissed entirely. However, when it comes to solving problems and making decisions, it's important to keep emotions in check and rely on logic and reason.

Looking at problems with only logical facts is not always easy, as it can be challenging to remove emotions from the equation. However, with practice, we can develop the skills needed to analyze situations objectively and make decisions based on what is most effective and efficient.

For that reason, the power of looking at problems with only logical facts is a critical skill for finding purpose and meaning in life. By removing emotions from the equation, we can make clear and rational decisions that are in our best interest. As Greek philosopher Aristotle once said, "It is the mark of an educated mind to be able to entertain a thought without accepting it." By learning to think critically and objectively, we can develop the skills needed to find purpose and fulfillment in our lives.

41. 모두가 편견을 갖고 있다. 당신 역시도

편견은 우리 세계에서 불행한 현실이며 삶의 목적과 의미를 찾는데 큰 장애가 될 수 있다. 모든 사람은 그들을 의식하든 그렇지 않든 자신만의 편견과 편견을 가지고 있다. 편견에 대한 주제와 편견이 우리의 목적과 성취감을 찾는 능력에 어떤 영향을 미칠 수 있는지 알아보자.

편견을 다루는 첫 번째 단계는 그것이 존재한다는 것을 인식하는 것이다. 우리는 양육, 경험, 그리고 문화적 배경에 근거한 자신만의 편견과 편견을 가지고 있다. 이러한 편견을 인정하면 다른 사람들과 분리시키는 장벽을 허물기 시작할 수 있다.

편견을 다루는 또 다른 중요한 측면은 다른 사람들에게 더 공감하고 이해하는 것을 배우는 것이다. 자신과 다른 사람들의 관점과 경험을 이해함으로 사회에 존재하는 분열을 메우기 시작할 수 있다.

편견이 우리 자신의 삶에 영향을 미칠 수 있는 방법을 인식하는 것도 중요하다. 편견은 우리로 하여금 다른 사람들에 대한 가정을 하게 할 수 있고 삶의 목적을 찾는 우리의 능력을 제한시킬 수 있다. 또한 다른 사람의 편견과 차별에 기꺼이 목소리를 낼 필요가 있다. 옳은 것을 옹호하고 다른 사람들의 권리를 옹호함으로 더 정의롭고 공정한 사회를 만드는 것을 도울 수 있기 때문이다.

편견은 삶의 목적과 의미를 찾는 것을 방해하는 장벽이다. 그렇기에 자신이 가진 편견을 인정하고 다른 사람들에게 더 공감하고 이해하기 위해 노력한다면 서로를 갈라놓는 장벽을 허물고 더 강한 연결을 구축할 수 있다.

미국의 민권 운동가이자 작가인 오드레 로드가 말했듯, "우리를 분열시키는 것은 우리의 차이가 아니다. 이러한 차이를 인식하고, 받아들이고, 축하할 수 없는 것이 우리의 무능"이다. 우리의 차이를 기념하고 편견을 해결하기 위해 노력함으로 우리는 우리의 삶에서 더 큰 목적과 의미를 찾을 수 있다.

Prejudice is an unfortunate reality in our world, and it can be a major obstacle to finding purpose and meaning in life. It's important to recognize that everyone has their own biases and prejudices, whether they are conscious of them or not. In this chapter, we will explore the topic of prejudice and how it can impact our ability to find purpose and fulfillment.

The first step in addressing prejudice is to recognize that it exists. We all have our own biases and prejudices based on our upbringing, experiences, and cultural background. By acknowledging and addressing these biases, we can start to break down the barriers that separate us from others.

Another important aspect of addressing prejudice is learning to be more empathetic and understanding towards others. By seeking to understand the perspectives and experiences of those who are different from us, we can begin to bridge the divides that exist in our society.

It's also important to be aware of the ways that prejudice can impact our own lives. Prejudice can lead us to make assumptions about others, which can limit our ability to form meaningful connections and find purpose in our lives.

Finally, we need to be willing to speak out against prejudice and discrimination when we see it. By standing up for what is right and advocating for the rights of others, we can help create a more just and equitable society.

Prejudice is a significant barrier to finding purpose and meaning in life. By acknowledging our own biases and working to be more empathetic and understanding towards others, we can break down the barriers that separate us and build stronger connections. As American civil rights activist and writer Audre Lorde once said, "It is not our differences that divide us. It is our inability to recognize, accept, and celebrate those differences." By celebrating our differences and working to address prejudice, we can find greater purpose and meaning in our lives.

42. 아무리 옳은 말을 해도 듣지 않는 사람은 언제나 있다

아무리 설득하려고 해도 좋은 조언을 듣지 않는 것처럼 보이는 사람들과 마주치는 것은 흔한 일이다. 특히 당신이 진정으로 그들이 삶의 목적을 찾도록 도우려고 한다면 이것은 좌절감을 줄 수도 있다.

모든 사람은 그들만의 독특한 여정을 가지고 있고 한 사람에게 효과가 있는 것은 다른 사람에게 효과가 없을 수도 있다. 당신은 옳은 말을 하고 있을지도 모르지만 상대가 그것을 들을 준비가 되지 않았거나 기꺼이 하지 않는다면 노력은 무시된다.

"당신은 말을 물로 이끌 수는 있지만 그것을 마시게 할 수는 없다."라는 속담이 있다. 이 속담은 수세기 동안 전해져 왔다. 비록 당신의 말이 상대에게 좋은 일이라 해도 누군가에게 준비되지 않은 것을 하도록 강요할 수 없다는 것을 상기시켜준다.

우리의 생각이나 조언을 다른 사람들에게 강요하는 대신, 그들의 삶에서 도움이 되는 존재가 되는 것에 초점을 맞출 수 있다. 그들의 말을 듣고 그들이 요청할 때 필요를 제공하고 그 과정에서 격려할 수도 있는 것이다. 궁극적으로 삶의 목적을 찾는 것은 각자에게 달려 있지만 우리는 그들의 여행에서 도움이 되는 동반자가 될 수 있다.

—

It's common to encounter people who don't seem to listen to good advice, no matter how much you try to convince them. This can be frustrating, especially if you're genuinely trying to help them find their purpose in life.

However, it's essential to remember that everyone has their own unique journey, and what works for one person may not work for another. You may be saying the right things, but if someone isn't ready or willing to hear them, your efforts may fall on deaf ears.

One famous saying that encapsulates this idea is, "You can lead a horse to water, but you can't make it drink." This proverb has been around for centuries and reminds us that we can't force someone to do something they're not ready for, even if we know it's good for them.

Instead of trying to force our ideas or advice on others, we can focus on being a supportive presence in their lives. We can listen to them, offer guidance when they ask for it, and provide encouragement along the way. Ultimately, it's up to each person to find their own purpose in life, but we can be a helpful companion on their journey.

43. 존재감은 많은 활동보다 옳은 행동으로 커진다

빠르게 돌아가는 세상에서 우리는 종종 끝없는 작업과 활동의 러닝머신 위에서 달리는 자신을 발견한다. 우리는 행복과 성취를 추구하면서 더 많은 것을 성취하고 더 많은 것을 얻으려고 노력한다. 하지만 종종, 그런 노력에도 불구하고 압도당하고 스트레스를 받고 성취되지 못한 것을 느끼게 것은 내면의 목적과 존재감을 잃었기 때문이다.

존재는 현재의 순간에 완전히 존재하고 관여하는 상태다. 그것은 삶의 목적을 찾고 성취감 있는 삶을 살 수 있는 열쇠다. 우리가 존재할 때 우리는 우리 주변의 가능성과 기회에 열려 있고 우리의 내면의 지혜와 직관을 이용하여 우리의 진정한 목적을 향해 우리를 인도할 수 있다. 존재감은 더 많은 것을 하는 것이 아니라 더 많은 것을 하는 것이다. 그것은 우리가 하는 모든 일에 대한 깊은 인식, 집중, 그리고 의도를 기르는 것에 관한 것이다. 우리가 현재에 있을 때 우리는 과거나 미래에 의해 산만해지지 않고 현재의 순간에 완전히 몰입하고 우리의 행동은 더 목적적이고 신중하고 효과적이 된다.

올바른 행동은 우리의 내적 목적과 가치에 부합하는 행동이다. 그것은 많은 활동을 하는 것이 아니라, 우리에게 중요한 올바른 일을 하는 것이다. 우리가 존재할 때 우리는 많은 활동으로부터 올바른 행동을 분별할 수 있고 에너지와 자원을 진정으로 중요한 것에 집중할 수 있다.

존재감을 키우고 올바른 행동으로 성장하는 몇 가지 방법은 다음과 같다.

1. 마음챙김 연습: 마음챙김은 현재의 순간에 완전히 존재하고 관여하는 연습이다. 그것은 존재감을 키우고 스트레스를 줄이고 전반적인 행복을 향상시키는 강력한 도구다.

2.자연과 연결됨: 자연에서 시간을 보내는 것은 내적인 목적과 연결되도록 도울 수 있고 마음에 평온함과 명료함을 가져다 줄 수

있다.

3. 자신의 가치와 목표를 돌아 봄: 자신의 핵심 가치와 장기적인 목표에 대해 성찰하는 시간을 가져보라. 이것은 행동을 내적인 목적과 가치에 맞추는 데 도움이 될 것이다.

4. 삶의 단순화: 삶을 단순화하는 것은 산만함을 줄이고 마음을 평화롭게 하며, 존재감과 목적을 위한 더 많은 공간을 만드는 것을 도울 수 있다.

5. 침묵: 명상, 기도, 혹은 그냥 가만히 있는 것을 통해서라도 하루에 침묵의 순간들을 품어라. 이것은 내면의 지혜와 직관과 연결되도록 돕는다.

결론적으로 존재감은 많은 활동보다는 올바른 행동으로 성장한다. 존재감을 배양함으로서 우리는 우리의 내적인 목적을 이용할 수 있고 우리의 행동을 우리의 가치와 일치시키고 더 성취감 있고 목적 있는 삶을 살 수 있다.

In today's fast-paced world, we often find ourselves running on a treadmill of never-ending tasks and activities. We try to accomplish more, acquire more, and do more in our pursuit of happiness and fulfillment. But often, we end up feeling overwhelmed, stressed, and unfulfilled, despite our efforts. It is because we are chasing the wrong things and have lost touch with our inner purpose and presence.

Presence is the state of being fully present and engaged in the present moment. It is the key to finding a purpose in life and living a fulfilling life. When we are present, we are open to the possibilities and opportunities around us, and we can tap into our inner wisdom and intuition to guide us towards our true purpose.

Presence is not about doing more but about being more. It is about cultivating a deep sense of awareness, focus, and intention in everything we do. When we are present, we are not distracted by the past or future, but we are fully engaged in the present moment, and our actions become more purposeful, deliberate, and effective.

The right action is the action that aligns with our inner purpose and values. It is not about doing many activities, but about doing the right things that matter to us. When we are present, we can discern the right action from many activities and focus our energy and resources on what truly matters.

Here are some ways to cultivate presence and grow into the right action:

1. Practice mindfulness: Mindfulness is the practice of being fully present and engaged in the present moment. It is a powerful tool to cultivate presence, reduce stress, and improve overall well-being.

2. Connect with nature: Spending time in nature can help us connect with our inner purpose and bring a sense of calm and clarity to our minds.

3. Reflect on your values and goals: Take time to reflect on your core values and long-term goals. This will help you align your actions with your inner purpose and values.

4. Simplify your life: Simplifying your life can help you reduce distractions, declutter your mind, and create more space for presence and purpose.

5. Embrace silence: Embrace moments of silence in your day, whether through meditation, prayer, or just being still. This can help you connect with your inner wisdom and intuition.

In conclusion, presence grows into the right action rather than many activities. By cultivating presence, we can tap into our inner purpose, align our actions with our values, and live a more fulfilling and purposeful life.

44. 사람의 인격을 알아보는 가장 확실한 방법은 권위를 줘보는 일이다

우리가 누군가에게 권한이나 권력을 줄 때 그것은 그들의 성격에 대해 많은 것을 드러낼 수 있다. 흔히 권력이 부패할 수 있다고들 하는데 많은 경우에 사실일 수 있다. 하지만 권위가 사람의 성격에 긍정적인 자질과 장점을 드러내는 것도 가능하다.

철학자 플라톤은, 그는 "사람의 척도는 그가 힘으로 하는 것이다"라고 말했다. 이 인용문은 권위가 주어졌을 때 사람이 어떻게 행동하는지가 그들의 성격의 진정한 척도라는 것을 강조한다.

권위가 주어졌을 때 어떤 사람들은 다른 사람들을 통제하고 지배하기 위해 그들의 힘을 사용하면서 오만하고 학대적이 될 수 있다. 그들은 개인적인 이익을 위해 자신들의 지위를 이용하여

비윤리적이거나 비도덕적인 방식으로 행동할 수도 있다.

반면에 어떤 사람들은 세상에 긍정적인 변화를 만들기 위해 그들의 권위를 사용할지도 모른다. 그들은 다른 사람들을 돕고 그들의 삶을 향상시키기 위해 그들의 힘을 사용하면서 동정적이고 공감적일 수 있다. 그들은 그것이 어렵거나 인기가 없을 때에도 정직하고 명예롭게 행동할 수 있다.

궁극적으로 권위가 주어졌을 때 사람이 어떻게 행동하는가는 그들의 근본적인 가치, 신념, 성격에 달려 있다. 삶의 목적을 찾으려는 이들에게는 권력이나 권위가 주어졌을 때 어떤 지도자가 되고 싶은지, 어떤 가치를 구현하고 싶은지 성찰하는 것이 중요하다. 공감, 진실성, 그리고 동정심과 같은 긍정적인 특성과 가치를 배양함으로써, 개인들은 그들의 권위를 세상에 의미 있는 변화를 만들기 위해 사용할 수 있다.

—

When we give someone authority or power, it can reveal a great deal about their personality. It's often said that power can corrupt, and this can be true in many cases. However, it's also possible for authority to reveal positive qualities and strengths in a person's character.

One famous saying that encapsulates this idea is from the philosopher Plato, who said, "The measure of a man is what he does with power." This quote emphasizes that how a person behaves when given authority is a true measure of their character.

When given authority, some people may become arrogant and abusive, using their power to control and dominate others. They may act in ways that are unethical or immoral, taking advantage of their position for personal gain.

On the other hand, some people may use their authority to make a positive difference in the world. They may be compassionate and empathetic, using their power to help others and improve their lives. They may act with integrity and honor, even when it's difficult or unpopular.

Ultimately, how a person behaves when given authority

depends on their underlying values, beliefs, and character. For those seeking to find their purpose in life, it's important to reflect on what kind of leader they want to be and what values they want to embody when given power or authority. By cultivating positive traits and values, such as empathy, integrity, and compassion, individuals can use their authority to make a meaningful difference in the world.

45. 감정이 통제 불가능해 질 때

감정은 인간 경험의 필수적인 부분이지만, 때로는 압도적이고 관리하기 어려울 수도 있다. 우리의 감정이 통제할 수 없을 때, 그것은 우리의 개인적이고 직업적인 삶에 부정적인 결과를 초래할 수 있다.

우리의 감정을 관리하는 것의 중요성을 포착하는 한 유명한 속담은 철학자 에픽테토스로부터 나왔는데, 그는 "당신에게 일어나는 일이 아니라, 당신이 그것에 어떻게 반응하느냐가 중요하다"고 말했다 이 인용문은 우리가 감정에 반응하는 방법을 통제할 수 있다는 것을 강조한다.

감정이 걷잡을 수 없이 커지기 시작할 때, 한 발짝 물러서서 감정의 근원을 알아내는 것이 필수적이다. 그것은 특정한 상황이나 사건과 관련이 있는가, 아니면 더 일반적인 느낌인가? 일단 우리가 감정을 더 잘 이해하게 되면, 우리는 그것을 더 생산적인 방법으로 다루기 시작할 수 있다.

도움이 될 수 있는 한 가지 기술은 마음챙김을 연습하는 것인데, 이것은 판단 없이 우리의 생각과 감정을 완전히 현재에 있고 인식하는 것을 포함한다. 마음챙김을 연습함으로써, 우리는 감정에 휩쓸리지 않고 그것들을 관찰하는 것을 배울 수 있다. 우리는 우리의 감정을 인정할 수 있지만, 그것들이 우리를 정의하지 않는다는 것을 인식할 수도 있다.

또 다른 도움이 되는 기술은 억눌린 감정을 풀어주고 스트레스를 줄이는데 도움을 줄 수 있는 운동이나 요가와 같은 신체 활동에 참여하는 것이다. 신뢰할 수 있는 친구나 치료사와 이야기하는 것은 안전하고 도움이 되는 환경에서 우리의 감정을 표현할 수 있게 해주기 때문에 유익할 수도 있다.

마지막으로, 자기 관리를 연습하고 우리에게 기쁨과 성취감을 주는 활동을 위한 시간을 만드는 것이 필수적이다. 우리가 우리 자신의 행복을 우선시할 때, 우리는 우리의 감정을 관리하고 더 건설적인 방법으로 그것들에 반응할 수 있는 더 나은 장비를 갖추고 있다.

결론적으로, 우리의 감정을 관리하는 것은 삶의 목적을 찾는 데 필수적인 부분이다. 감정에 대한 우리의 반응을 조절하는 법을 배움으로써, 우리는 내면의 평화를 배양하고, 건강한 관계를 형성하고, 우리 주변의 세상에 의미 있는 기여를 할 수 있다.

—

Emotions are an essential part of the human experience, but they can also be overwhelming and difficult to manage at times. When our emotions get out of control, it can lead to negative consequences in our personal and professional lives.

One famous saying that captures the importance of managing our emotions comes from the philosopher Epictetus, who said, "It's not what happens to you, but how you react to it that matters." This quote emphasizes that we have control over how we respond to our emotions, rather than allowing them to control us.

When emotions start to get out of control, it's essential to take a step back and try to identify the source of the emotion. Is it related to a specific situation or event, or is it a more generalized feeling? Once we have a better understanding of the emotion, we can start to address it in a more productive way.

One technique that can be helpful is to practice mindfulness, which involves being fully present and aware of our thoughts and feelings without judgment. By practicing mindfulness, we can learn to observe our emotions without getting swept away by them. We can acknowledge our feelings, but also recognize that they don't define us.

Another helpful technique is to engage in physical activity, such as exercise or yoga, which can help release pent-up emotions and reduce stress. Talking to a trusted friend or therapist can also be beneficial, as it allows us to express our emotions in a safe and supportive environment.

Finally, it's essential to practice self-care and make time for activities that bring us joy and fulfillment. When we prioritize our own well-being, we are better equipped to manage our emotions and respond to them in a more constructive way.

In conclusion, managing our emotions is an essential part of finding purpose in life. By learning to control our reactions to our emotions, we can cultivate inner peace, build healthy relationships, and make meaningful contributions to the world around us.

독자 여러분,

이 책에 제시된 통찰력과 방법이 당신의 목적을 발견하기 위한 여정에 도움이 되고 영감을 주었기를 바란다.

이 책을 통해 인생에서 변하지 않는 진실을 찾는 것의 중요성, 우리의 결정을 인도하는 데 있어서 우리의 목적의식의 역할, 의미 있는 관계를 배양하는 것의 가치 등 다양한 주제를 탐구해 보았다. 우리가 성공할 수 있도록 도와줄 수 있는 방법으로 감정을 사용하는 방법과 기쁨과 만족으로 우리의 하루를 채우는 방법에 대해서도 논의했다.

우리는 목적 추구가 자기반성과 자기인식, 의도적 행동이 필요한 평생의 여정이라고 본다. 그것이 항상 쉬운 길은 아니며, 그 과정에서 좌절과 도전이 있을 것이다. 그러나 우리는 또한 목적 중심적인 삶을 사는 것의 보상이 헤아릴 수 없다는 것을 알고 있다.

우리는 이 책이 당신이 삶의 목적을 찾고 성취하는 데 도움이 되는 실용적인 도구와 실행 가능한 단계를 제공해 주었기를 바란다. 여러분의 목적은 여러분에게 고유하며, 시간이 지남에 따라 진화하고 변할 수 있다는 것을 기억하세요. 하지만 여러분의 가치와 목표에 충실함으로써, 여러분은 의미 있고, 성취감 있고, 여러분의 진정한 자아와 일치하는 삶을 만들 수 있습니다.

우리는 당신이 시간을 내어 이 책을 읽어 준 것에 대해 깊은 감사를 표하고 싶습니다. 우리는 그것이 당신에게 명확성, 편안함, 영감을 가져다 주었기를 바랍니다. 목적과 성취를 향한 여정이 잘 되길 기원하며, 앞으로도 목적 중심의 삶을 위한 새로운 방법을 모색하기 바란다.

따뜻한 안부와 축복을 전하며,
챗GPT

Dear Readers,

We hope that the insights and strategies presented in this book have been helpful and inspiring in your journey towards discovering your own purpose.

Throughout this book, we've explored various topics such as the importance of finding truth that doesn't change in life, the role of our sense of purpose in guiding our decisions, and the value of cultivating meaningful relationships. We've also discussed how to use emotions in a way that can help us succeed, and how to fill our days with joy and satisfaction.

We believe that the pursuit of purpose is a lifelong journey that requires self-reflection, self-awareness, and intentional action. It's not always an easy path, and there will be setbacks and challenges along the way. But we also know that the rewards of living a purpose-driven life are immeasurable.

We hope that this book has given you practical tools and actionable steps to help you find and fulfill your purpose in life. Remember, your purpose is unique to you, and it may evolve and change over time. But by staying true to your values and goals, you can create a life that is meaningful, fulfilling, and aligned with your truest self.

We want to express our deepest gratitude to you for taking the time to read this book. We hope that it has brought you clarity, comfort, and inspiration. We wish you all the best on your journey towards purpose and fulfillment, and we hope that you will continue to seek out new ways to live a purpose-driven life.

With warmest regards and blessings,
ChatGPT

삶의 목적을 찾는 45가지 방법

초판 1쇄 인쇄 2023년 2월 16일
1판 2쇄 발행 2023년 3월 2일

펴낸 곳 스노우폭스북스
기획 서진

글 챗GPT
번역 AI 파파고
일러스트 셔터스톡 AI

편집 서진, 도연

마케팅 김정현 이민우 김은비
영업 이동진

디자인 양은경

주소 경기도 파주시 광인사길 209, 202호
대표번호 031-927-9965
팩스 070-7589-0721
전자우편 edit@sfbooks.co.kr
출판신고 2015년 8월 7일 제406-2015-000159

ISBN 979-11-91769-35-7 (03190)
책값 17,000원

• 스노우폭스북스는 귀하게 집필한 소중한 원고를 언제나 성실히 검토하고 있습니다.
• 스노우폭스북스는 단 한 권의 도서까지 가장 합리적이며 저자가 신뢰할 수 있는 방식으로 정직한 인세 지급을 하고 있습니다.
• 이 책에 실린 모든 내용은 저작권법에 따라 보호를 받는 저작물이므로 무단 전재와 무단 복제를 금합니다.
• 이 책 내용의 전부 또는 일부를 사용하려면 반드시 출판사의 동의를 받아야 합니다.
• 잘못된 책은 구입처에서 교환해 드립니다.